工业信息安全与发展系列丛书

科技服务赋能新型工业化发展研究报告（2025）

国家工业信息安全发展研究中心　组编

黄蕴华　主编

电子工业出版社
Publishing House of Electronics Industry
北京·BEIJING

内 容 简 介

本书以强化科技服务赋能新型工业化为主线，梳理其在支撑制造业智能化转型、成果转化、产业创新等方面的实践路径，总结地方经验与国际做法，提出推动科技服务高质量发展、发展新质生产力的政策举措与机制方案。全书共八章，围绕科技服务业的体系范围、政策体系、国际经验与启示、标准建设、重点领域赋能新型工业化案例与成效等方面展开深入探讨，力求全面呈现我国科技服务业的发展图景，构建具有实践引导力与政策支撑力的研究体系。

本书适合从事科技政策、产业研究、企业创新、成果转化、园区服务等领域的政府管理人员、研究人员、行业从业者及高校师生阅读参考。

未经许可，不得以任何方式复制或抄袭本书之部分或全部内容。
版权所有，侵权必究。

图书在版编目（CIP）数据

科技服务赋能新型工业化发展研究报告. 2025 / 国家工业信息安全发展研究中心组编；黄蕴华主编. —北京：电子工业出版社，2025.6. --（工业信息安全与发展系列丛书）. -- ISBN 978-7-121-50823-3

Ⅰ.F403.6

中国国家版本馆CIP数据核字第2025YK8146号

责任编辑：白雪纯
印　　刷：三河市龙林印务有限公司
装　　订：三河市龙林印务有限公司
出版发行：电子工业出版社
　　　　　北京市海淀区万寿路173信箱　邮编：100036
开　　本：720×1000　1/16　印张：10.5　字数：201.6千字
版　　次：2025年6月第1版
印　　次：2025年6月第1次印刷
定　　价：88.00元

凡所购买电子工业出版社图书有缺损问题，请向购买书店调换。若书店售缺，请与本社发行部联系，联系及邮购电话：(010) 88254888，88258888。
质量投诉请发邮件至 zlts@phei.com.cn，盗版侵权举报请发邮件至 dbqq@phei.com.cn。
本书咨询联系方式：(010) 88254456。

工业信息安全与发展系列丛书编委会

主　任：尹　浩　方滨兴　邬贺铨　蒋　艳

副主任：黄　鹏　周　平　廖　凯　张　格　李　俊
　　　　汪礼俊　陈雪鸿　宋艳飞

成　员：（按姓名拼音排序）
　　　　冯　媛　郜媛莹　黄蕴华　李　彬　刘桂镗
　　　　刘　帅　孙　军　唐旖浓　王冲华　夏宜君
　　　　杨帅锋　张　瑶

前言

在 2024 年中央经济工作会议上，党中央明确提出"以科技创新引领新质生产力发展，建设现代化产业体系"，并强调加强基础研究和关键核心技术攻关，超前布局重大科技项目。会议还提出要健全多层次金融服务体系，壮大耐心资本，更大力度吸引社会资本参与创业投资，梯度培育创新型企业。同时，积极运用数字技术和绿色技术改造提升传统产业。

2025 年 5 月，经国务院同意，工业和信息化部、国家发展改革委、教育部、科技部、财政部、市场监管总局、金融监管总局、国家知识产权局、中国科协联合印发《关于加快推进科技服务业高质量发展的实施意见》，以创新驱动、市场导向、融合发展、系统推进、质量为先为原则，壮大服务主体，优化发展生态，提升服务能力，实现规模增长和质效提升，加快科技成果转化和产业化，有力支撑科技创新和产业创新融合发展。

高质量的科技服务业态作为科技创新发展的关键支撑，其重要性日益凸显。为深入贯彻落实中央经济工作会议的工作要求和新型工业化建设的重要精神，应加快推进科技服务业、技术市场、科技中介组织等科技创新要素的发展，助力新质生产力和产业链的高质量发展，为中国式现代化建设提供有力保障。

编者

目录

01 第一章 我国科技服务业体系范围与定位

一、科技服务业基本概念 　　1

二、技术市场与科技中介组织 　　11

02 第二章 我国科技服务业政策体系

一、国内科技服务业政策研究 　　18

二、国际科技服务业政策比较 　　28

03 第三章 国际科技服务业发展经验与启示

一、美国科技服务业创新生态 　　33

二、日本科技服务业发展模式 　　37

三、德国科技服务业支撑模式 　　39

四、国际经验对我国的启示 　　42

04 第四章 我国科技服务业标准建设

- 一、科技服务业标准化 　44
- 二、科技服务业标准体系 　47
- 三、存在问题 　48
- 四、对策建议 　49

05 第五章 我国科技服务业重点领域发展

- 一、研究开发服务 　51
- 二、技术转移转化服务 　58
- 三、企业孵化服务 　63
- 四、检验检测认证服务 　74
- 五、科技金融服务 　82
- 六、知识产权服务 　86

06 第六章 重点区域科技服务业赋能新型工业化发展的模式创新

- 一、北京市科技服务业创新引领模式 　94
- 二、上海市科技服务业国际化发展模式 　107
- 三、广东省科技服务业产业集群支撑模式 　117
- 四、江苏省科技服务业产学研融合模式 　126
- 五、重庆市科技服务业西部创新发展模式 　133

07 第七章 科技服务业发展的问题与挑战

一、科技服务业顶层设计挑战　　140

二、技术市场发展的结构性问题　　143

三、科技中介组织发展的能力障碍　　144

08 第八章 科技服务业高质量发展的战略路径

一、科技服务业创新发展战略　　147

二、技术市场优化升级策略　　150

三、科技中介组织能力提升路径　　152

四、科技服务业与产业发展融合推进机制　　154

第一章
我国科技服务业体系范围与定位

科技服务业作为知识密集型现代服务业的重要组成部分，是促进科技成果转化、提升产业创新能力的关键纽带，也是现代化经济体系建设的重要支撑。随着我国经济步入高质量发展阶段，科技创新在国家战略中的地位日益凸显，科技服务业的战略价值和发展潜力日益受到关注。

一、科技服务业基本概念

（一）内涵界定

"科技服务业"一词最早见于1992年发布的《关于加速发展科技咨询、科技信息和技术服务业的意见》，首次以政策文件的形式将科技服务业概括为"科技咨询业、科技信息业和技术服务业"。2014年《关于加快科技服务业发展的若干意见》指出，科技服务业是现代服务业的重要组成部分，具有人才智力密集、科技含量高、产业附加值大、辐射带动作用强等特点。

此后，随着科技创新活动的蓬勃发展和产业的不断升级转型，中央和地方相继出台了一系列支持政策，科技服务业的内涵日益丰富。

《北美行业分类法（2022版）》将科技服务业界定为"专业、科学和技术服务"，涵盖计算机系统设计、管理咨询、科学研究与开发等知识密集型活动，强调全链条技术支撑与创新服务；《欧盟产业分类体系》将科技服务业归入"专业、科学和技术活动"（Section N），聚焦计算机服务、科技研发及工程检测等市场化高技术服务，突出跨行业协同与知识密集型产业定位。

结合我国实际情况，我国科技服务业的内涵可总结为：运用现代科学知识和技术手段，围绕科技创新全链条发展、科技成果高效转化，向社会提供智力服务的新兴产业，是现代服务业的重要组成部分，也是推动科技创新和产业创新深度融合、服务现代化产业体系建设的重要支撑。

（二）统计分类

我国科技服务业的统计分类体系以《国家科技服务业统计分类（2018）》为核心依据，该分类由国家统计局于2018年12月修订发布，旨在适应《国民经济行业分类》（GB/T 4754—2017）的新标准，反映新产业和新业态的发展需求。《国家科技服务业统计分类（2018）》将科技服务业划分为7个大类、24个中类、88个小类，形成了三级分类体系（见表1-1）。

表1-1 我国科技服务业细分行业

7个大类	24个中类	88个小类
科学研究与试验发展服务	自然科学、工程、农业和医学研究	自然科学研究和试验发展、工程和技术研究和试验发展、农业科学研究和试验发展、医学研究和试验发展
	社会人文科学研究	社会人文科学研究

续表

7个大类	24个中类	88个小类
专业化技术服务	专业化技术公共服务	气象服务、地震服务、海洋服务、测绘地理信息服务、环境与生态监测检测服务、地质勘查服务、规划设计服务
	检验、检测、标准、认证和计量服务	质检技术服务
	工程技术服务	工程管理服务、工程监理服务、工程勘察活动、工程设计活动
	专业化设计服务	工业设计服务、专业设计服务
科技推广及相关服务	科技推广与创业孵化服务	技术推广服务、科技中介服务、创业空间服务
	知识产权服务	知识产权服务
	科技法律及相关服务	科技法律服务、科技公证服务、其他科技法律服务
科技信息服务	信息传输科技服务	固定电信科技服务、移动电信科技服务、其他电信科技服务、有线广播电视传输科技服务、无线广播电视传输科技服务、卫星传输科技服务
	互联网技术服务	互联网接入及相关服务、互联网信息科技服务、互联网平台、互联网安全服务、互联网数据服务、其他互联网服务
	软件和信息技术服务	软件开发、信息系统集成服务、物联网技术服务、运行维护服务、信息技术咨询服务、信息处理和存储支持服务、集成电路设计、其他未列明信息技术服务业
科技金融服务	货币金融科技服务	货币银行科技服务、融资租赁科技服务、财务公司科技服务、汽车金融公司科技服务、小额贷款科技服务、消费金融公司科技服务、网络借贷科技服务、其他非货币银行科技服务、银行理财科技服务
	资本投资科技服务	资本投资科技服务
	保险科技服务	财产保险科技服务、保险公估科技服务、保险资产管理科技服务、其他保险科技服务
	其他科技金融服务	金融信托与管理科技服务、控股公司科技服务、非金融机构支付科技服务、金融资产管理科技服务、其他未列明科技金融服务
科技普及和宣传教育服务	科普服务	图书馆科普服务、档案馆科普服务、博物馆科普服务、其他科技推广服务业
	科技出版服务	科技出版服务
	科技教育服务	普通高校科技教育服务

续表

7个大类	24个中类	88个小类
综合科技服务	科技管理服务	科学技术政府管理服务、科学技术社会组织服务、科技企业管理服务
	科技咨询与调查服务	市场调查科技服务、环保咨询、专业咨询科技服务，以及会计、审计及税务科技服务
	信用担保科技服务	信用科技服务、非融资担保科技服务、融资担保科技服务
	职业中介科技服务	职业中介科技服务
	其他综合科技服务	租赁科技服务、广告科技服务、科技会展服务、包装科技服务、办公科技服务、其他未列明综合科技服务

除国家统计局的统计分类外，国家相关文件也从功能角度对科技服务业进行了分类和界定。例如，《关于加快科技服务业发展的若干意见》提出研究开发、技术转移、创业孵化、知识产权等重点领域，与《国家科技服务业统计分类（2018）》的7个大类存在交叉对应关系。例如，"技术转移服务"在统计分类中属于"科技推广及相关服务"的子类，而在政策文件中被单列为重点领域。国家发展改革委发布的《产业结构调整指导目录（2024年本）》进一步调整了科技服务业的鼓励方向，新增"技术转移服务"为独立条目，涵盖科技信息交流、成果评估、技术孵化等。该目录更强调新兴业态（如数字化转型、工业服务）和产业支撑功能（如科技创新平台建设），体现了政策分类的动态性和前瞻性。

随着新一轮科技革命和产业变革的深入推进，我国科技服务业进入转型升级的关键时期。2023年9月，国家对科技服务业管理职责进行了重大调整，将科技部指导科技服务业发展的相关工作等多项职责划入工业和信息化部。这一体制变革旨在优化国家机构职能，加强科技与产业的深度融合，标志着科技服务业进入了更加注重产业导向的新发展阶段。通过这次调整，我国在制度层面打通了科技创新与产业发展的通道，为解决"科研和产业两张皮"问题提供了体制机制保障。

在新的发展阶段，我国科技服务业规模快速扩张，细分领域不断增多。根据《关于加快推进科技服务业高质量发展的实施意见》，科技服务业已形成涵盖研究开发、技术转移转化、企业孵化、技术推广、检验检测认证、信息技术、工程技术、科技金融、知识产权、科技咨询及其他科技服务等在内的重要领域。这一分类体系突出了产业导向，强化了成果转化，体现了科技服务业从以技术研发为主向全方位服务科技成果产业化的转变趋势。

（三）与生产性服务业、生活性服务业的关系

1. 与生产性服务业的关系

生产性服务业是现代服务业的重要组成部分，是指主要为生产过程和企事业单位提供中间投入的服务活动。根据国家统计局发布的《生产性服务业统计分类（2019）》，生产性服务业是指为生产活动提供研发设计、货物运输、信息技术服务、金融中介、人力资源服务等中间投入服务的行业。这类服务业以知识密集、技术密集为特征，在现代产业体系中发挥着提升产业链现代化水平、促进技术进步和产业升级的关键作用。

科技服务业是生产性服务业的重要组成部分，这一关系在我国多项国家政策文件和统计分类体系中得到明确界定和系统阐释。从政策层面来看，《国务院关于印发服务业发展"十二五"规划的通知》将科技服务业作为生产性服务业的重点发展领域，强调其在提供研发设计、技术转移、创业孵化等专业化服务的战略价值。

从统计分类体系的角度来看，科技服务业与生产性服务业存在高度重合的关系。国家统计局发布的《生产性服务业统计分类（2019）》将科学研

究与试验发展服务、专业化技术服务、科技推广服务等科技服务业主要类别纳入生产性服务业统计体系。同时,《生产性服务业统计分类(2019)》中的研发设计服务、专业技术服务、信息技术服务等类别,与《国家科技服务业统计分类(2018)》中的科学研究与试验发展服务、专业化技术服务、科技信息服务等类别存在明显对应的关系,表明科技服务业在生产性服务业体系中具有基础性地位。

从创新赋能的角度来看,科技服务业为生产性服务业提供技术支撑和创新动力。科技服务业通过技术创新与成果转化,为物流、金融、商务咨询等领域注入新活力。科技服务业中的研发设计、技术转移等创新成果,直接提升了生产性服务业的技术含量和附加值,推动生产性服务业向专业化、高端化方向发展。这种技术赋能作用已延伸至整个产业体系,持续推动产业技术创新、产业结构优化和产业链现代化水平提升。加快发展科技服务业,对提升生产性服务业整体水平、推动经济高质量发展具有重要意义。

2. 与生活性服务业的关系

生活性服务业是指主要面向居民生活消费需求、以提高人民生活质量为目标的服务行业。根据《生活性服务业统计分类(2019)》,生活性服务业是指满足居民最终消费需求的服务活动,包括居民和家庭服务、健康服务、养老服务、旅游游览和娱乐服务、体育服务、文化服务、居民零售和互联网销售服务、居民出行服务、住宿餐饮服务、教育培训服务、居民住房服务、其他生活性服务等十二大领域。

科技服务业虽然主要属于生产性服务业范畴,但与生活性服务业在特定领域存在交叉重叠。《国务院关于印发服务业发展"十二五"规划的通知》将生活性服务业界定为包括商贸服务业、文化产业、旅游业等在内的九大领域，其中法律服务业、文化产业与科技服务业的科技法律服务、科技文化传播等细分领域存在明显交叉。

科技服务业与生活性服务业的交叉主要表现在以下几个方面。

一是在电信服务方面，科技服务业中的科技信息服务（尤其是信息传输科技服务）与生活性服务业中的信息传输服务高度重叠。《生活性服务业统计分类（2019）》将面向居民的通信服务、广播电视传输服务等纳入生活性服务业范畴，而《国家科技服务业统计分类（2018）》也包含固定电信科技服务、移动电信科技服务等类别。这表明电信服务不仅服务于生产活动，也面向居民消费，具有双重属性。

二是在保险服务方面，科技服务业中的科技金融服务（如保险科技服务）与生活性服务业中的保险服务存在交叉。随着科技在保险领域的深度应用，一些保险科技产品，如健康险 App、智能理赔系统等既属于科技服务范畴，又直接服务于居民生活需求，形成了科技赋能生活服务的新模式。

三是在法律服务方面，科技服务业中的科技法律服务与生活性服务业中的法律服务业相互融合。《国家科技服务业统计分类（2018）》将科技法律服务、科技公证服务等纳入科技服务业体系，这些服务既能为科技创新活动提供法律保障，又能直接服务于居民的知识产权保护、科技合同纠纷等法律需求。

四是在科技教育与文化传播方面，科技服务业中的科技普及、宣传教育服务与生活性服务业中的教育培训、文化服务等领域紧密相连。科技教育活动，如科技馆展览、科普讲座等不仅是科技服务的重要组成部分，也是满足居民的文化消费和素质提升需求的，成为连接科技服务业与生活性服务业的重要桥梁。科技馆、科技博物馆等机构既是科技成果展示平台，也是满足居民文化消费需求的重要场所，体现了科技服务向生活服务延伸的发展趋势。

总体而言，科技服务业与生活性服务业在多个细分领域的交叉融合，反映了科技赋能民生服务的发展趋势，也体现了现代服务业边界日益模糊、相互渗透的特点。随着科技创新与服务业融合发展的不断深入，科技服务业将更多地向生活性服务领域延伸，为提升居民生活品质和满足多元化消费需求提供更加丰富的服务内容和更高质量的服务体验。

（四）战略地位与作用

科技服务业作为推动科技与经济深度融合的关键环节，是加速知识转化为现实生产力的重要支撑，对推动产业创新和经济增长发挥了至关重要的作用。随着创新驱动发展战略的深入实施，科技服务业的战略地位日益凸显，其在国民经济中的贡献度持续提升。

1. 经济贡献持续增长

科技服务业作为知识经济时代的战略性产业，已成为推动全球科技与经济深度融合的重要引擎。在发达国家，科技服务业与产业升级形成正向循环：美国的专业、科技服务业占 GDP 的比重连续五年稳定在 8% 左右，2023 年对经济增长的直接贡献达 2 万亿美元；德国 2023 年研发支出达 1,297 亿欧元，占 GDP 的比重连续六年超过欧盟设定的 3% 的战略目标。科技服务业不仅通过技术外溢提升全要素生产率，还以年均 6% 以上的增速成为发达国家经济增长的核心动能。

在经济体量方面，国家统计局数据显示，2022 年我国科技服务业增加值达到 2.92 万亿元，同比增长 7.7%，占 GDP 比重 2.4%。2020—2022 年我国科技服务业增加值与增长率见图 1-1，为经济增长贡献了重要力量。在创新投入方面，2024 年，我国全社会研究与试验发展经费达 36,130 亿元，较 2023 年增长 8.3%。科技服务蓬勃发展，推动我国创新能力稳步提升,据中国科学技术发展战略研究院发布的《国家创新指数报告 2022—2023》,2023 年我国国家创新指数得分为 72.7,综合排名居世界第 10 位,较上期提升了 3 位,与荷兰、瑞典、德国等国家的差距进一步缩小。

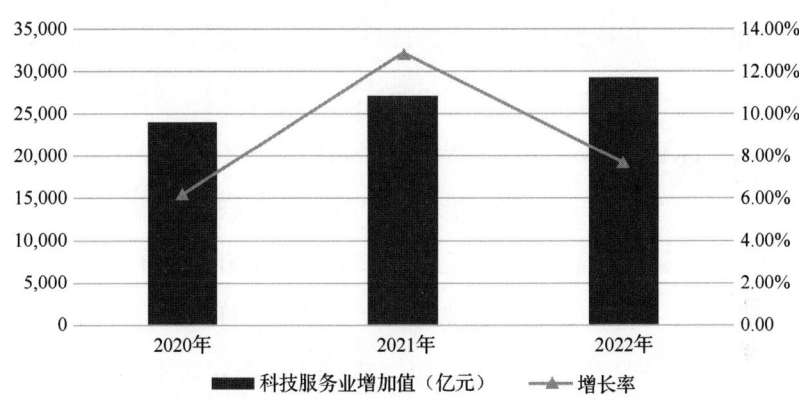

图 1-1 2020—2022 年我国科技服务业增加值与增长率

(数据来源:国家统计局)

2. 税收贡献显著提升

在财政收入方面,科技服务业展现出强劲的税收贡献能力和增长潜力。国家税务总局增值税发票数据显示,2017—2022 年,我国科技服务省际销售额保持高速增长,年均增幅达 28%,远高于同期大多数行业平均水平。进入 2024 年,这一增长势头依然强劲,1—8 月我国科技服务省际销售额同比增长 17.6%,在经济复苏阶段展现出较强韧性,反映出科技服务业在产业链价值提升和跨区域业务拓展方面的显著优势,也凸显了科技服务业作为知识密集型产业在税收贡献上的乘数效应,已成为税收贡献的强劲增长极。

3. 就业容量不断扩大

在就业吸纳方面,科技服务业凭借其知识密集型特征,为高素质人才提供广阔的就业空间。国家统计局数据显示，科技服务业就业规模呈现持续增长态势。2023年年末，我国科学研究和技术服务业法人单位达211.8万个，从业人员总量达1,700.3万人，较2018年年末分别增长66.0%和43.7%，体现出行业长期稳定的扩张趋势。从企业数量看，2023年我国科学研究和技术服务业企业数量达3.1万家（见图1-2），同比增长7.1%，延续2020—2022年的强劲增长态势，表明科技服务业持续释放市场活力。值得注意的是，尽管2023年科学研究和技术服务业法人单位总量较2022年下降13%，但企业数量仍保持增长，这一现象反映出行业正经历结构优化，即科技服务属性强的专业化企业持续发展壮大，而科技服务属性不强的边缘单位逐步退出统计范畴，行业向更高质量方向集中发展。

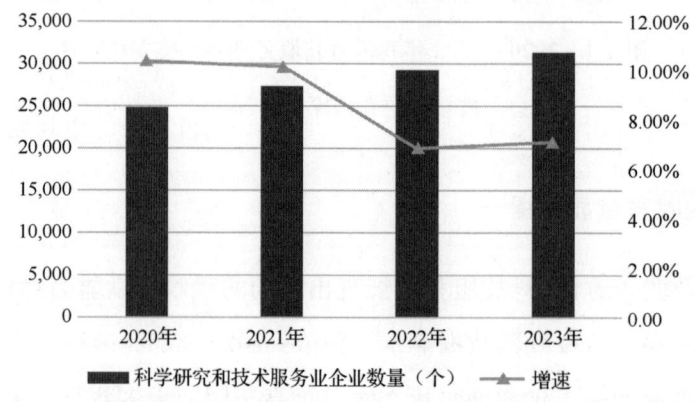

图1-2　我国2020—2023年科学研究和技术服务业企业数量及增速

（数据来源：国家统计局）

4. 为制造业赋能作用显著增强

在推动制造业发展方面，科技服务业为制造业生产活动提供技术咨询、质量检测、试验开发、科技推广等外包服务，其技术、知识溢出效应能促进制造业企业提质增效，为传统产业向先进制造业转型提供有效技术支撑。

据国家市场监督管理总局数据，截至2023年年底，我国检验检测机构服务营业收入约 4,670.09 亿元，其中电子电器、机械、能源和软件及信息化等新兴领域的收入达 944.75 亿元，同比增长 13.67%，高于全行业营收增速 4.54%。《2024 年全国知识产权服务业统计调查报告》显示，2023 年全国知识产权服务机构约 8.9 万家，其中 29.3%的机构推进数字化转型，82.4%的机构利用商业数据库或软件提升服务质量。以检验检测、知识产权、技术推广为代表的科技服务业正加速向制造业渗透。

二、技术市场与科技中介组织

科技服务业、科技中介组织与技术市场是促进科技创新和成果转化的关键要素，对推动经济提质增效升级具有重要作用。技术市场是我国社会主义市场经济的重要组成部分，既是科技中介组织开展市场活动的基础，也是科技服务业发展的重要载体。科技中介组织作为技术市场的参与主体，既是科技服务人员开展技术与知识服务的平台，也是科技服务业的构成要素。三者相辅相成，共同推进科技创新快速有序发展。

（一）技术市场概述

1. 内涵界定

技术市场是我国社会主义市场经济体系的重要组成部分，其内涵伴随政策演进与理论创新持续深化。1985 年颁布的《中共中央关于科学技术体制改革的决定》首次明确"技术市场是我国社会主义商品市场的重要组成部分"，这标志着技术市场作为制度性概念正式纳入国家政策体系。文件指出，传统科技体制存在科研与生产脱节、技术转化效率低下等问题，需通过改革运行机制、组织结构和人事制度，构建以技术商品化为核心的市场体系，实现"科学技术工作面向经济建设"的战略转型。此项政策突破既将技术成果纳入商品范畴，又确立了技术市场在资源配置中的基础性地位，为后续改革奠定了理论基础。

2018年，科技部印发的《关于技术市场发展的若干意见》进一步明确技术市场的时代定位，将其界定为"重要的生产要素市场，是我国现代市场体系和国家创新体系的重要组成，是各类技术交易场所、服务机构和技术商品生产、交换、流通关系的总和"。相较于1985年的表述，此定义凸显三重深化：一是技术市场从"商品市场"升维为"生产要素市场"，与土地、资本、劳动力等要素市场并列，体现技术市场在创新驱动发展战略中的核心地位；二是强调技术市场是"各类技术交易场所、服务机构和技术商品生产、交换、流通关系的总和"，既包含实体交易场所（如技术交易所、产权交易中心），又涵盖技术评估、经纪、金融等服务体系，形成全链条生态；三是明确技术市场作为国家创新体系枢纽的功能，通过优化创新资源配置，促进科技成果资本化与产业化。

2. 涵盖范围

我国技术市场的涵盖范围持续深化拓展。1985年，《关于加强对技术市场管理工作的通知》首次以规范性文件形式界定了技术市场的核心范畴，明确其包括技术成果转让、技术承包、技术联营、科研生产联合、技术咨询、技术培训、技术服务等多种形式的技术贸易活动。此界定突破了传统商品交易的物理形态限制，将技术要素的流通与配置纳入市场化轨道，标志着我国技术市场从单一成果交易向综合性服务体系的转型。

进入 21 世纪，技术市场的内涵持续深化拓展。2005 年，全国技术市场工作会议提出"培育、引导、规范、提高"的方针，强调技术市场应服务于知识产权交易、技术转移生态构建及国际技术合作。2022 年，科技部发布的《"十四五"技术要素市场专项规划》系统提升了技术市场的战略定位，明确以"健全科技成果产权制度"为主线，支持中国技术交易所、上海技术交易所、深圳证券交易所建设国家知识产权和科技成果产权交易机构，在全国范围内开展知识产权转让、许可等运营服务，构建覆盖技术开发、转让、许可、作价入股、跨境交易等全链条的要素配置体系。政策层面对技术市场的界定范围已从初期的单一贸易形态，扩展至涵盖产权交易、资本融合、区域协同与国际化流通的复合型体系。

3. 技术市场的具体分类

从统计方法来看，我国技术市场形成由国家行政管理部门指导、中央有关部门协同配合、地方政府组织实施、服务机构具体推进的组织管理体系，同时建立以技术合同登记制度为核心的市场管理制度。在此框架下，技术市场的分类呈现多元化、系统化特征，可从多维度科学划分：按合同内容分为技术开发、技术转让、技术咨询和技术服务；按技术商品形式分为软件技术市场、硬件技术市场和综合技术市场；按区域范围分为本埠技术市场、省区技术市场、全国技术市场和国际技术市场；按交易组织形式分为有形技术市场与无形技术市场；按技术领域分为电子信息技术、城市建设与社会发展、先进制造技术、新能源与高效节能、现代交通、环境保护与资源综合利用技术、生物医药和医疗器械技术、新材料及其应用、航空航天技术、农业技术及核应用技术等重要领域；按买方类型分为面向工业企业、科研机构、各级管理部门、技术贸易机构、个人及个人合伙的技术市场；按技术应用分为现有产品相关技术市场、未来产品相关技术市场及兼有型技术市场。该多维分类体系为我国技术市场统计、监管与研究提供系统框架，有助于准确把握技术市场的结构特征与发展趋势。

4．地位作用

技术市场作为我国社会主义市场经济的重要组成部分，已成为推动经济增长和优化科技资源配置的关键力量。在改革开放进程中，我国技术市场功能持续完善，制度环境不断优化，对建立市场导向的技术创新机制、促进科技与经济深度融合作出重要贡献。

一是加速科技成果商品化，有效促进经济高质量发展。技术市场通过引入市场化交易机制，使科技成果在供需对接过程中实现有偿转移，有效解决了科技与经济脱节的问题。在技术市场发展前，科技成果大多停留在样品展品状态，推广率极低；随着技术市场的积极发展，我国科技成果转化率已提升至30%左右，科研价值正不断转化为实际经济价值。据工业和信息化部数据，2024年全国技术合同成交总额突破6.8万亿元，同比增长约11.2%，市场交易日趋活跃。技术市场不仅拓宽了科技成果的流通渠道，也推动了科研选题与产业需求精准对接，对提升社会效益和经济效益发挥了显著作用。

二是促进技术进步，有力推动新型工业化进程。技术市场在降低工业能源消耗、减少污染物排放和提高工业产品附加值等方面成效显著。通过技术推介、交易与扩散，节能环保技术和清洁工艺迅速得到应用推广，帮助企业实现节能减排和绿色转型，推动产业结构向高端化和可持续化发展。同时，技术市场的发展增强了企业自主创新能力，鼓励了新技术、新工艺和新产品的研发，推动了传统工业改造升级和战略性新兴产业的培育，为推动工业现代化提供了坚实的技术支撑。

三是提升制造业生产率，构建现代要素市场体系。技术市场通过提高创新资源配置效率、推动技术外溢和改善科技成果转化效果等机制，显著提升制造业整体生产率。在劳动力市场、资本市场、数据要素的协同作用下，技术市场能更有效地促进专利产业化，实现企业创新投入与成果转化的良性循环。特别是在沿海城市、省会城市等创新资源集聚区，技术市场的促进效应更为明显，这些地区凭借完善的创新生态和丰富的人才技术资源，为制造业升级创造良好的条件。技术市场已成为我国现代市场体系中不可或缺的生产要素市场和经济发展重要驱动力，对构建高效、系统的现代要素市场体系具有战略意义。

（二）科技中介组织概述

1. 内涵界定

科技中介组织是技术市场的核心参与主体，其内涵随着我国科技服务业的发展不断深化。从政策演进脉络看，2002 年，《关于大力发展科技中介机构的意见》首次明确科技中介组织的功能定位，提出科技中介机构需在技术创新的市场主体间发挥资源整合作用，运用知识、人才、资金、信息等要素，为技术创新提供沟通、协调与组织支撑。2013 年国务院印发的《"十二五"国家自主创新能力建设规划》进一步强调，科技中介服务机构应向"服务专业化、功能社会化、组织网络化、运行规范化"方向发展，通过市场化机制促进技术要素流通。综合政策表述，科技中介组织可定义为：以促进技术创新和成果转化为目标，通过专业化服务连接技术供需双方，优化技术要素配置的社会化组织形态。

2. 科技中介组织的具体分类

按服务形式划分，科技中介组织可分为三类。第一类是直接参与服务对象技术创新过程的机构，包括生产力促进中心、创业服务中心、科技孵化器、工程技术研究中心等。第二类是主要利用技术、管理和市场等方面的知识为创新主体提供咨询服务的机构，包括科技评估中心、科技招投标机构、情报信息中心、知识产权事务中心和各类科技咨询机构等。第三类是为科技资源流动与配置提供服务的机构，包括常设技术交易市场、人才中介市场、科技条件市场、国家技术转移示范机构等。

3. 地位作用

科技中介组织作为国家创新体系的关键环节，通过提供专业化服务连接技术与市场，显著提升科技创新全链条的运行效率。在知识经济时代，科技中介组织凭借其专业服务能力，已成为科技成果高效转化和创新资源优化配置的核心推动力。科技中介组织通过专业服务提升效率主要体现在三个维度。

一是提供专业化信息服务，大幅降低科技成果转化过程中的交易成本。作为专业的信息中介，科技中介组织通过建立技术供需信息平台，精准匹配技术持有方与需求方，有效消除信息不对称障碍；作为专业的交易服务提供者，科技中介组织规范化处理知识产权评估、技术交易定价和合同制订等复杂环节，优化资源配置效率；作为专业的管理咨询者，科技中介组织提供全流程的技术转化支持服务，大幅提升科技成果从实验室到市场的转化速度和成功率。

二是通过专业化的创新服务，加速企业技术创新与产业升级进程。科技中介组织凭借其行业专长和网络优势，为企业提供前沿技术监测、研发资源整合和市场趋势分析等高附加值服务，帮助企业精准把握创新方向；通过组织专业化的技术交流与协同创新活动，促进跨学科、跨领域的知识融合与技术突破；针对新兴产业发展需求，科技中介组织提供定制化的技术支持与市场拓展服务，加速产业向高端化、智能化、服务化、绿色化方向高效转型。

三是作为专业的创业服务平台，高效促进科技人才与创新资源的整合：据科技部数据，2022年，各类科技中介孵化机构高效服务近68万家初创企业和团队，带动超过500万就业人口，培育出科大讯飞股份有限公司、深圳市大疆创新科技有限公司等一批科创板上市企业。这些专业孵化服务显著提高了科技创业的成功率和发展速度，为打造硬科技企业集群、发展新质生产力提供了高效支撑。科技中介组织通过提供专业化的创业指导、资源对接和风险管理服务，建立了科技人才快速成长与高效创业的专业平台。

第二章
我国科技服务业政策体系

随着科技服务业在实现科技创新驱动产业升级、促进经济高质量发展过程中的作用日益突出，国内外相继出台了一系列相关法律和政策措施，为科技服务业的发展壮大和完善科技服务体系提供了重要保障。本章将对国内外科技服务业政策进行系统梳理，分析政策制定的特点及发展趋势，以期为我国科技服务业的政策制定提供参考。

一、国内科技服务业政策研究

近年来，我国聚焦科技服务业高端化、智能化、绿色化、融合化转型新需求，在中央和地方层面相继出台系列科技服务业政策，形成了强有力的科技服务业政策体系。根据各地方政府官方网站公布的政策文件，现行有效的地方科技服务业相关政策共400余件，发布日期多集中于2014年国务院发布《关于加快科技服务业发展的若干意见》（简称《意见》）之后，旨在充分响应《意见》指出的完善政策环境要求。

从政策类型来看，当前我国科技服务业政策可分为综合类科技服务业政策和专项类科技服务业政策，这两类科技服务政策针对不同科技领域或特定目标。综合类科技服务政策通常面向广泛的科技创新和服务需求，涵盖多个科技领域；专项类科技服务政策主要围绕检验检测、创业孵化、科技金融、技术转移等重点领域中的某一特定方面。科技服务政策的制定呈现出由综合类向专项类转变的趋势，政策调整日益精细化，更加贴合产业发展的需求，有力支撑了科技服务业高质量发展和产业转型升级。

（一）中央层面科技服务业政策演进

我国中央层面已累计出台 200 余项政策文件推动科技服务业发展。在顶层设计持续强化下，科技服务业呈现蓬勃发展态势。根据政策演进特征，科技服务业可分为三个发展阶段。

第一阶段（1992—2014 年），这一时期的政策文件多以推动支持科技服务业发展为主要目标。1992 年，《关于加速发展科技咨询、科技信息和技术服务业的意见》首次在政策层面确立科技服务业这一概念。2007 年，《国务院关于加快发展服务业的若干意见》明确提出"大力发展科技服务业，充分发挥科技对服务业发展的支撑和引领作用"。2012 年，科技部发布的《现代服务业科技发展"十二五"专项规划》进一步强调"着力做大做强科技服务业"的战略定位。

第二阶段（2014—2020 年），本阶段政策文件对科技服务业的内涵界定、服务体系进行了规范，主要以加快科技服务业驱动产业创新和经济增长为主要目标。2014 年，《关于加快科技服务业发展的若干意见》进一步明确了科技服务业的内涵，提升科技服务业对科技创新和产业发展的支撑能力。2017 年，《国家技术转移体系建设方案》提出"推动科技成果扩散、流动、共享、应用"。《国家科技服务业统计分类（2018）》指出，科技服务业包括科学研究与试验发展服务、专业化技术服务、科技推广及相关服务、科技信息服务、科技金融服务、科技普及和宣传教育服务、综合科技服务等七大类，清晰界定了科技服务业的分类标准。

第三阶段（2020年至今），这一阶段政策文件主要以加快提升科技服务业的产业规模壮大，充分发挥科技服务业对先进制造业等产业的经济拉动作用，推动科技服务业高质量发展为主要目标。2020年，科技部、教育部印发《关于进一步推进高等学校专业化技术转移机构建设发展的实施意见》，提出"创新促进科技成果转化机制，进一步提升高校科技成果转移转化能力"。2021年，国家发展改革委、科技部、工业和信息化部等部门联合印发《关于加快推动制造服务业高质量发展的意见》，提出"加快提升面向制造业的专业化、社会化、综合性服务能力"。2021年，《国家标准化发展纲要》对加强部分科技服务业领域的标准建设作出部署，提出完善科技成果转化为标准的评价机制和服务体系。2023年，工业和信息化部、国家知识产权局联合印发《知识产权助力产业创新发展行动方案（2023—2027年）》，提出加强重点产业知识产权创造、深化重点产业知识产权转化运用、强化重点产业知识产权保护、提升重点产业知识产权服务能力四项重点任务。2024年，《关于推动未来产业创新发展的实施意见》提出"构建科技服务和技术市场新模式，遴选科技成果评价和转移转化专业机构，开拓应用场景和商业模式"。

（二）地方层面科技服务业政策动态

地方深入实施创新驱动发展战略，围绕加快推动科技服务业积极发布相关支持文件，持续提升科技服务业在经济发展中的重要性。通过分析地方科技服务业政策制定的趋势和先进经验，有助于总结出一系列行之有效的政策模式与实践路径,为推动地区科技服务业的协调发展提供借鉴和启示。

1. 地方科技服务业政策制定趋势分析

2014年,国务院出台《关于加快科技服务业发展的若干意见》(简称《意见》),23个省市[1]在《意见》发布两年内,聚焦地方产业特色,对标《意见》的目标和任务,因地制宜制定了科技服务业专项政策。2017—2020年,北京、上海、天津、江苏等东部9省市,聚焦科技服务业高质量发展要求,加强孵化载体服务能力建设,持续更新支持政策。"十四五"期间,区域科技服务政策制定进一步提速。截至2024年8月,重庆、安徽、山东三省市已出台最新的科技服务业专项政策。北京、天津、上海、江苏、四川等13个省市在科技服务业发展规划或实施方案中,将"加快构建优质高效的服务业新体系、提升服务业赋能实体经济高质量发展能级"作为下一步科技服务工作的重点。地市层面,苏州、常州、广州等6个城市根据当地自然资源禀赋和产业发展需求,密集出台了具体的实施方案和行动计划。例如,苏州发布了《关于印发苏州市打造科技服务业发展先导城市三年行动计划的通知》,常州发布了《常州市科技服务业高质量发展三年行动计划(2023年-2025年)》,明确了科技服务业的发展目标和重点发展领域。区县层面,南京江宁、佛山顺德、南京鼓楼、江苏昆山、深圳罗湖等地发布了多项科技服务业发展举措,利用区域比较优势,推动科技服务特色产业的增长,确保政策落地并取得实际成效。

---

[1] 23个省市分别是北京、河北、山西、辽宁、吉林、黑龙江、江苏、浙江、安徽、福建、山东、河南、湖北、湖南、海南、四川、贵州、云南、甘肃、内蒙古、广西、宁夏、新疆。

2. 举措聚焦新时代产业高端、智能、绿色、融合发展要求

一是推动科技服务业品质升级，提供高端化、高质量的科技服务。上海鼓励有条件的区域遴选优质服务机构，按排名给予政策支持；鼓励龙头企业向高端服务延伸，联合中小企业开拓海外市场。北京支持龙头企业通过"以商引商"的方式，带动重点产业在京"建链延链"，围绕产业链布局服务链，加速产业基础的高级化进程和产业链的现代化进程。重庆将培育一批具有知名品牌的科技服务机构作为重要的发展目标之一，苏州开展科技服务机构20强评选，由"苏商通"平台推送入选机构，扩大科技服务品牌的影响力。

二是提升科技服务业数字化水平，推动科技服务数智化转型。浙江作为数字技术应用的领头羊，持续推动企业数字化转型，鼓励发展公共云等云服务模式，牵引带动中小企业"上云用数赋智"。苏州聚焦数字技术创新，鼓励科技服务机构深化产学研合作，突破数字领域关键核心技术，支持科技服务机构运用数字技术提升精准服务能力和核心竞争力。

三是加快绿色技术应用，加大绿色产品供给，推动区域科技服务绿色化转型。四川明确提出，要加快信息服务、检验检测等重点领域的绿色化转型，建立绿色运营维护体系。上海从需求侧出发，提出要丰富绿色服务产品供给，支持各类服务机构拓展绿色低碳、环境社会责任和公司治理等业务，帮助企业实现降本增效。

四是引导科技服务业与制造业的深度融合，加速传统制造向服务型制造转变。北京在创新管理方式、完善工作机制、优化场监管等方面先行先试，推动先进制造业与科技服务业深度融合。天津等地明确提出，要大力实施融合化发展工程，提升现代服务业与先进制造业、现代农业的深度融合，在资金、人才、技术等方面给予支持。

3. 问题检视

（1）地区发展差异显著

根据对我国各地科技服务业政策更新迭代情况的分析，当前我国地方科技服务业政策存在显著的地域差异，制造业发达且科技服务业发展速度快的地区，政策更新迭代速度较快，而发展速度较慢的地区政策更新滞后。北京、苏州、深圳、重庆等地作为我国科技创新和产业创新的排头兵，经济社会发展水平较高，出台的科技服务业相关政策数量多、类型多样、更新迭代速度快。以重庆为例，2020年发布的《关于新形势下推动服务业高质量发展的意见》提出，要培育壮大新兴服务业，恢复发展传统服务业，提升服务业标准化、品牌化、智能化、国际化水平和防风险能力，提高服务效率和品质，构建优质高效、布局合理、融合共享的现代服务产业体系。2023年，重庆针对科技服务业出台专项政策，在《关于印发重庆市提升科技服务能力推动科技服务业高质量发展三年行动计划（2023—2025年）》中，对科技服务业的重点领域提出了发展任务和保障措施，力争到2025年，科技服务业市场主体达5.6万家，从业人员达60万人，年营业收入达5,000亿元以上。

（2）政策结构比例失衡

根据罗斯威尔和沃尔特提出的政策工具分类框架，政策工具可分为环境型政策工具、供给型政策工具、需求型政策工具。环境型政策工具通过加强宣传引导，出台规范性与帮扶性措施，为市场提供良好的运行环境；供给型政策工具是指政府直接提供人力支持、基础设施建设、信息和技术服务等，加强公共产品供给；需求型政策工具是指政府通过购买服务等方式增加总需求、拉动市场增长。具体到科技服务业，科技服务业政策工具见表2-1。

表 2-1 科技服务业政策工具

工具类型	工具名称	工具解释
环境型	目标规划	发展和工作目标
	知识产权	知识产权管理和保护
	金融支持	提供金融贷款、质押等优惠政策
	管理规范	规范产业市场发展的要求
	市场环境	体制机制改革、赋权放权
	成果转化	建设促进成果转化的激励机制
	机构建设	支持科技中介组织开展各种服务、打造品牌
供给型	资金支持	提供资金补贴、奖励
	人才支持	加强人才引进、培育
	公共设施	公共服务平台和设施建设
	科技信息	促进信息公开共享
需求型	外包	科技服务外包
	政府采购	加大政府采购力度
	试点示范	开展创新试点工作

根据学者的统计学实证分析研究，多种政策组合的效果通常要优于单独某类政策。但随着政策数量的增多，政策间的相互作用越来越复杂，多重政策工具会相互影响、相互作用，不同政策工具的组合可能对创新产生积极或消极的影响。因此，三类政策工具的综合性、均衡性和协同性变得尤为重要。在制定政策时，必须关注政策工具的互补性和系统性，避免过度聚焦某一环节，从而确保政策工具能有效协同发挥作用。

然而，若从我国地方科技服务业政策的角度来看，可以发现存在政策工具应用不均衡的问题，环境型和供给型政策工具的应用比例较高，需求型政策工具的应用比例较低。诚然，环境型政策工具的覆盖范围更广，影响也更为深远，但需求型政策工具的作用不容忽视。

（3）地方科技服务业政策评估机制匮乏

中共中央办公厅、国务院办公厅印发的《关于加强中国特色新型智库建设的意见》明确指出，要建立健全政策评估制度，加强对政策执行情况、实施效果和社会影响的评估。为确保政策的有效性和科学性，使政策制定者和公众了解政策的成效和效果，及时识别和纠正可能存在的问题和不足。

然而当前，我国地方科技服务业政策制定者对政策评估的重要性认识不够，尚未建立科学完善的政策监督评价体系。我国地方科技服务业政策体系中的评估机制对市场内部要素的服务质量、企业信用、市场贡献率等进行评估，可以规范市场发展、完善创新创业生态、激活市场活力，但对于政策本身的落实进展效果不大。例如，当前可在公开渠道查询到的科技部和部分省份开展的政策评估工作主要存在两个问题。一是这些评估工作依赖地方自评估，缺乏科学详细的评估参考标准，导致评估结果的科学性与准确性受到限制；二是这些评估调查结果往往偏向于调研性质，缺乏实质性的约束力，未能对政策的后续调整产生直接影响。因此目前现有的政策评估制度是远远不够的。

（三）下一步我国科技服务业政策完善建议

1. 增强政策地方特色，提高精准施策效果

地方科技服务业政策的首要特征便是其"地方性"。地方科技服务业政策的制定关键在于充分结合地方的经济发展水平、产业结构、科技创新能力以及人才资源等方面的实际情况，利用本地独特的优势和特色，针对性地解决地方科技服务业在发展过程中面临的各种困难与挑战。通过这种精准的政策支持，可以有效激发本地企业和科研机构的创新潜力，推动科技成果的转化和应用，进而激活地方的科技服务生态系统，促进本地经济的高质量发展。因此，地方科技服务业政策不仅要符合地方的实际需求，还

需避免与上级地方政策过度趋同。中央与地方的科技服务业政策应逐渐趋向细化与具体化，使地方科技服务业政策更加贴合实际情况、便于操作实施。

首先，应加强科技服务业政策制定前的调研工作，以确保政策因地制宜、精准有力。由于不同地区的经济发展水平、产业结构以及科技基础存在显著差异，地方政府在制定政策前，必须深入了解本地的科技创新环境、资源优势以及产业特色。具体而言，地方政府应对本地区的科研机构、科技服务机构、从业人员等进行全面细致的调研，准确挖掘本地区的独特优势和企业人员的实际需求。此外，还应充分考虑当地的社会文化和政治因素，确保政策能够与地方实际相匹配，保障政策的可行性与有效性。

其次，各地方政府要结合自身的具体实际情况，积极开拓创新，鼓励企业、科研机构等在政策实施过程中先行先试，探索新的方法与经验。特别是在前沿领域和未知领域，地方政府应鼓励大胆探索和创新，敢于在实践中走在前列，寻求有效的途径和形式来解决实际问题，努力形成一批具有普遍适应性、可复制、可推广的规范发展经验。同时，地方政府应加大宣传和推广力度，通过多种渠道让更多地方了解并借鉴这些创新经验，从而为科技服务业的发展提供从"先行先试"到"全面覆盖"的有效解决方案。

2. 优化政策工具结构，协同发力提升综合效能

政府通过购买、服务外包、试点示范等手段实施的供给型和需求型政策工具能直接刺激市场需求，传递政策调整信号，对市场产生显著的拉动和推动作用。相较于环境型政策工具，供给型和需求型政策工具对实现政策目标具有更为直接的效果。因此，有必要在适当范围内调整这三种政策工具的使用频次，优化政策工具结构，系统性改进和完善政策手段，以保

障它们能够有效协同，发挥政策的整体效能，从而支撑科技服务业的稳健发展。

首先，应增强需求型政策工具的应用。地方政府应积极培育研发外包服务业，大力发展服务外包示范区，通过示范园区培育管理服务外包、项目管理外包等新兴产业；完善科技应用示范项目与政府采购的衔接机制，促进创新产品研发与应用；推动服务业运用新一代信息技术转型升级，开展数字化社区试点示范。

其次，需优化供给型政策工具。各地应结合自身特点和科技资源需求，引进科技创新资源，科学制定人才、资金、基础设施及科技信息等支持政策，加大对科研院所和服务机构的扶持力度，提升供给型政策实施效能，促进地方高校科技成果转化。

最后，在优化环境型政策工具配比的同时，应提升地方科技服务业政策的可操作性。地方政府制定科技服务业政策时，需合理增加需求型政策工具比重，科学配置三类政策工具比例，以最大限度发挥政策引导作用。

3. 健全政策评估体系，督促政策不断健全完善

政策评估作为政策周期的关键环节，其系统性实施有助于政府准确掌握政策的执行效果及经济影响，及时发现政策实施过程中的问题与不足。这种基于实证的反馈机制能为后续政策制定提供重要依据。然而，当前我国地方科技服务业政策评估体系尚不健全，评估机制存在明显缺陷，政策实施效果难以量化评估。亟须建立完善的科技服务业政策评估体系，持续提升政策与需求的匹配度，切实保障科技服务业政策的实施成效。

一是明确评估目标与原则，确定评估指标与方法，建立相应的数据收集和分析机制。政策评估体系应能全面反映政策实施效果，包括科技创新能力提升、科技成果转化、科技服务业发展等方面。政策评估应坚持客观

公正原则,通过电子文件、线下走访、座谈会等形式,从目标标准、投入标准、公平标准、效率标准和公民参与五个维度开展评估。地方政府可设立专门评估机构或委托第三方机构实施评估,确保评估工作有效开展。

二是要加强政策的日常落实监督,对重点研发项目、中小企业发展专项项目等加强审核和监管。加强不同部门之间的沟通,做好各项政策之间的衔接协同,加强各类监督贯通协调,实现信息沟通、线索移送、协同监督、成果共享,切实提供各种扶持措施、帮扶资金的使用效益。

三是完善政策预评估机制。政策出台前,相关部门应拓宽意见征集渠道,运用大数据、云平台等技术手段,广泛吸纳政策对象、专家学者及社会公众的意见建议,确保真实反映各方诉求,保障政策制定过程的公开透明与民主参与,提升政策制定的科学性与有效性,为政策实施奠定坚实基础。

二、国际科技服务业政策比较

(一)美国科技服务业政策特点

20 世纪 80 年代以来,美国制定了一系列法律,以促进技术市场交易和科技中介组织的发展。1980 年颁布的《史蒂文森-怀德勒技术创新法案》是美国首部定义并推动技术转移的法律,明确了联邦政府相关部门和机构的技术转移职能。1986 年和 1989 年美国国会又两次修改此法案,出台《联邦技术转移法案》和《国家竞争力技术转移法案》,随后成立了美国国家技术转让中心,其核心任务是利用美国政府的拨款,将科技成果推广至市场。此后,美国又相继推出了《国家技术转让与促进法》《技术转让商业化法》《美国竞争再授权法 2010》。这一系列法律的出台旨在强化美国的研究机构与联邦政府在技术转让方面的责任,加速美国政府支持的技术成果转化,并推动科技中介组织的发展。

近年来,美国注重支持和引导新兴技术、尖端技术及其相关产业的发展,同时致力于营造良好的环境,并提升产业配套的科技服务能力。2014年,美国政府启动了"国家制造业创新网络"计划,旨在通过建立创新生态系统,推动制造业科技创新和成果转化。截至 2023 年 8 月,该计划已成功建立了 16 个制造创新研究所。此外,《无尽前沿法案》将关键产业科技发展提升至国家战略高度,并提出了强化制造业链条安全、保护科研成果及促进商业转化等策略。2022 年,《芯片和科学法案》通过多方面举措,强调以促进科技创新为核心来提升科技竞争力。2024 年 2 月,白宫科技政策办公室发布了新版《关键和新兴技术清单》,该清单有助于提升美国技术竞争力,包括先进计算、先进制造、人工智能、半导体与微电子等共 18 类技术领域。

(二)日本科技服务业政策特点

日本"科技创新"战略强调了科技创新成果应用的重要性,对科技服务业的发展起到积极作用。20 世纪 90 年代中期,日本调整科技发展战略,将长期坚持的"技术立国"战略调整为"科技创新"战略,这一转变的标志性事件是 1995 年日本颁布《科学技术基本法》,明确提出日本将以"科技创新立国"作为基本国策,强化基础研究,促进开发、应用和基础这三种研究之间的协调发展。

日本注重通过多元主体参与科技创新战略，促进高校、中小企业等加强深度合作，支持技术市场交易，带动科技服务业发展。为保障科技服务业规范发展，日本出台了一系列涉及加速科技创新、促进科技成果转化、扶持中小企业、保护知识产权及引进国外先进技术等方面的法律，如《关于促进大学等技术成果向民间事业者转让法》《知识产权基本法》《产业活力再生特别措施法》《知识产权推进计划》等法律，旨在保障科技服务业资金的投入、科技成果的转移、知识产权的保护以及减少外资限制，从而提升企业创新能力。

近年来，日本着力营造良好的竞争环境，支持知识产权服务机构等科技中介组织的发展。2023年6月，日本专利局（JPO）、日本工业产权信息与培训中心（INPIT）、产业技术环境局、中小企业厅共同修订了《中小企业和初创企业知识产权运用行动计划》和《大学知识产权运用行动计划》，为高校和初创企业提供知识产权服务和科技成果转化服务的战略支持。

（三）德国科技服务业政策特点

德国重视科技创新和科技服务对经济增长的拉动作用，支持技术市场发展和创新成果产业化。1999年出台的《技术政策——经济增长与就业之途》等科技政策纲领，明确提出了激励技术市场交易和促进成果转化的相关措施，并设立了由德国联邦教育与研究部（BMBF）主导的，针对中小企业的核心资助计划KMU-innovativ。该计划专门旨在支持德国的中小型企业（SME）开展创新项目。若研究机构与中小企业携手合作，同样有资格获得资助。

2010年以来，德国开始布局高新技术和工业等产业垂直领域，旨在提升重点产业的科技服务能力。2010年，德国提出《德国2020高技术战略》，着重强调发展五大产业领域，包括气候/能源、保健/营养、机动性、安全性和通信等，并建立了一套鼓励科技成果研发、技术转移和产业化相结合的奖励机制。2019年，德国发布《国家工业战略2030》，强调打造德国及欧洲龙头企业的重要性，提出重点支持电动汽车、数字化、人工智能等产业发展。

2023年，德国将创新成果转化、技术转移、产学研合作、科技人才培养等促进科技中介组织和科技服务业发展的措施提升到国家战略层面。当年2月，德国出台《未来研究与创新战略》。此战略作为德国联邦政府最新的科技创新顶层战略规划，主要任务包括夯实知识基础、加速知识转化、加强国际合作、全面提升人才素质、制定灵活的研究与创新政策、鼓励社会各界积极参与研究和创新。

（四）国际科技服务业政策经验借鉴

1. 强化政策引导，大力支持科技服务业发展

结合新型工业化发展要求，定期开展产业调研，深入了解不同产业在技术研发、创新转化、市场拓展等方面的具体需求。围绕"卡脖子"领域和人工智能、量子信息等未来产业，研究制定推动科技服务业高质量发展的政策文件和相关法律法规。从创新生态构建、知识产权服务优化、成果产业化推进和金融支持强化等方面协同发力，统筹推进科技创新、产业升级与政策保障的深度融合，实现科技政策、产业政策、金融政策和人才政策的系统衔接与协同配合，形成相互支撑的政策合力。通过实施资金扶持、税收减免、场地优惠等多元化激励措施，重点培育和发展一批具有专业化服务能力和规模化运营水平的科技服务企业。同时积极引导科技服务企业

在技术创新和商业模式创新方面持续突破，不断提升服务质量和市场竞争力。

2. 构建重点产业链科技服务生态，推动科技服务业垂直化发展

紧密围绕国家战略性新兴产业和地方重点产业链布局，深入开展关键领域和核心技术研究，着力提升重点产业科技服务能力与水平，充分发挥科技服务在创新资源强链、补链、延链中的关键作用。通过"揭榜挂帅"、定向委托等机制，精准对接产业技术需求，重点建设产业基础技术公共服务平台，推动优质研发平台开放共享，促进在孵企业与链主企业协同创新、融合发展。同步推进产业垂直型科技服务行业协会建设，系统整合科技服务资源，构建贯通科研主体、科技中介组织和企业的成果转化全链条，打造协同高效、良性互动的科技服务行业生态。

3. 整合高校和产业资源，加强科技服务人才培养

充分发挥高等院校、研发机构和专业培训机构的资源优势，系统推进科技服务人才培养基地建设。重点支持大学科技园、产业园区等与高校联系紧密的科技中介组织，深度整合高校优质资源与专业积累，建立健全科技服务人才培养体系。通过开发专业课程与制订培养计划，重点强化知识产权管理、技术评估、项目孵化和投融资对接等核心能力培养，着力打造一支具备专业技术知识、管理能力、法律素养和金融实务经验的复合型科技服务人才队伍。

第三章
国际科技服务业发展经验与启示

一、美国科技服务业创新生态

美国科技服务业市场规模较大，技术市场发展成熟，大型科技中介组织以孵化器和技术转移机构为主。

（一）美国科技服务业发展现状

美国科技服务业对经济增长的贡献度持续增长。经济分析局（Bureau of Economic Analysis，BEA）的报告显示，2023年，专业、科学和技术服务[1]产值约为2.18万亿美元，占当年GDP的比重为7.97%。由于从2020年起统计方式有所改变，2020—2023年，美国科技服务业产值逐年提升。

---

1 专业、科学和技术服务是指Professional, scientific, and technical services。

美国2020—2023年专业、科学和技术服务产值及GDP占比见图3-1。

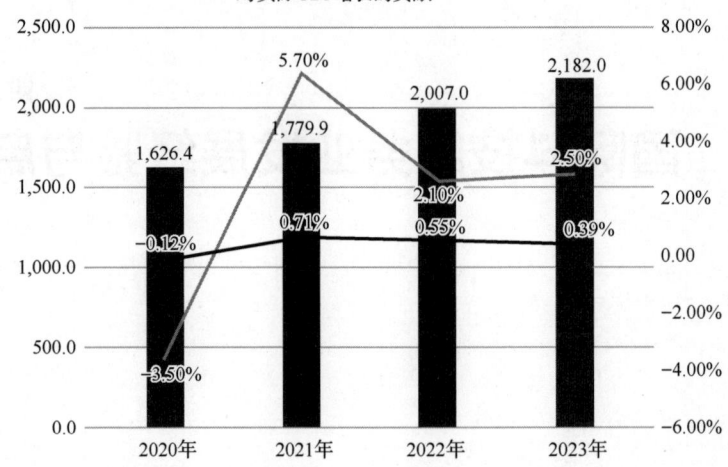

图3-1　美国2020—2023年专业、科学和技术服务产值及GDP占比

（数据来源：美国经济分析局）

（二）美国技术市场发展特点和典型案例

技术转移中心和技术交易市场平台是美国技术市场发展的重要推动力量。国家技术转移中心（National Technology Transfer Center，NTTC）作为由美国国会批准设立的国家级非营利性技术服务机构，始创于1989年。该中心的主要任务是高效推动由联邦政府资助的国家实验室、高等院校以及私人研究机构所产生的科研成果进入市场和工业领域，旨在加速技术成果的商业化，提升美国经济实力，并为民众创造更多就业机会。NTTC通过构建技术交易市场平台，形成了覆盖联邦实验室、大学研究机构、企业、专家网络以及六个地区技术转移中心的综合性技术转移网络。随着技术交

易市场的不断扩大和技术创新需求的持续增长,美国市场自发涌现出 Yet2、InnoCentive、Ocean Tomo 等具有代表性的技术交易平台,以及专注于专利许可使用权交易的 IPXI 平台等。美国技术交易平台信息表见表 3-1。

表 3-1 美国技术交易平台信息表

序号	平台名称	平台简介	运营情况	盈利模式	业务模式
1	Yet2	为创新创业用户提供定制化技术搜索匹配服务,并提供管理类咨询和辅助服务	截至 2022 年,积累超过 15 万注册用户,其中包括众多财富 500 强企业及 16,000 余家小型科技公司,业务范围覆盖美国、欧洲和亚洲等多个地区	● 信息发布费:主要向大型企业收费。 ● 交易费:每笔交易按比例收取费用。 ● 增值服务费:咨询费、投资方案设计费等	提供战略性创新咨询服务,协助企业制定技术创新目标;开展精准化技术搜索匹配服务。 其他模式: 1. 为企业提供创新门户网站定制服务,方便企业管理创新需求的发布; 2. 技术营销服务; 3. 专利交易服务
2	InnoCentive	开放式科技众包平台,通过帮助企业、政府、慈善机构等组织连接外部创新者(组织或个人),共同解决技术需求	截至 2022 年,已拥有 50 万名解决者,提供超过 2,500 项创新挑战、20 万项创新成果和超过 6,000 万美元的创新奖励	技术需求方支付会员费、信息发布费、服务成交费等	平台发布需求者的创新需求,接受并审核解决方案。 其他模式: 对解决方案进行知识产权保护
3	Ocean Tomo	主要提供与知识产权财务专家鉴定、估价、投资、风险管理和交易相关的金融产品和服务	成功达成数百项知识产权销售交易,累计交易金额超过 7.5 亿美元,完成超过 1,000 项知识产权业务,价值超过 100 亿美元	知识产权业务服务费用	推出全球首个专利在线拍卖平台 OTBA,采用"双向竞价"机制,使买卖双方可实时报价并达成交易。 其他模式: 1. 知识产权专家服务业务; 2. 知识产权战略研究业务; 3. 知识产权风险管理业务

续表

序号	平台名称	平台简介	运营情况	盈利模式	业务模式
4	IPXI	全球首家专注于专利许可使用权交易的金融化平台,已于2015年停运	运营期间,推出多项专利许可使用权及标准化产品	购买使用权份额费用、尽职交易调查费用、知识产权估价费用、法律交易费用、会员费用	依据市场定价和规范性条款为知识产权进行定价和交易;提供非独占性许可权授权和买卖交易

技术交易平台在技术匹配、技术众包、专利拍卖和知识产权融资等方面均有探索,并积累了成熟的运营经验。

Yet2 成立时间较早,拥有庞大的注册用户群体和丰富的资源,其数据库收录了全球超过 500 万解决方案提供者,技术交易成功率达 92%。经过长期发展,该平台已建立起完整的服务体系,不仅为创新创业用户提供定制化的技术搜索匹配服务,还配套提供专业的管理咨询和辅助支持服务。

InnoCentive 作为开放式科技众包平台,通过搭建连接企业、政府机构、慈善组织与外部创新者的协作平台,有效解决各类技术需求。

IPXI 作为全球首家专注于专利许可使用权交易的创新平台,在知识产权证券化领域实现了重要突破。该平台首创了可公开发行、具有市场流通性的标准化专利许可权产品,为知识产权金融化探索了新路径。虽然 IPXI 因股东分歧、许可市场环境不成熟等因素于 2015 年终止运营,但 IPXI 在专利证券化领域的开创性实践,特别是其在非债权类知识产权证券化模式下的探索,为后续行业发展提供了重要参考价值和技术示范。

(三)美国科技中介组织发展特点和典型案例

美国科技中介组织以孵化器为主要形态,涵盖创新中心、企业中心、技术中心、科技联盟及高科技服务中介公司等多元化机构类型。其中，孵化器呈现出"量少质优"的显著特征。据美国全国孵化器协会（National Business Incubation Association，NBIA）发布的统计数据，全球 7,000 家孵化器中，美国占据 1,400 家左右，占比达 20%，且孵化企业成功率较高。知名的孵化器 Y Combinator 公司截至 2025 年 2 月已成功孵化 4,939 家初创企业，其中包括 90 家独角兽企业。2010 年成立的 Betaworks 已孵化和投资超过 150 家公司，成功培育出 Bitly 短链接平台、GIPHY 动图搜索引擎，以及 AI 领域的 Hugging Face 和 Stability AI 等新兴企业；强生集团旗下的 JLABS 孵化器截至 2024 年 6 月已在全球 13 个基地累计孵化 1,070 家初创企业，涵盖制药、医疗器械和医疗消费品等多个细分领域。

21 世纪以来，以阿帕奇孵化器（Apache Incubator）为代表的、依托开源基金会的新型科技孵化模式逐渐兴起。阿帕奇孵化器创建于 2002 年，为开源项目提供向 Apache 软件基金会顶级项目发展的培育通道。通过项目的准备、孵化和毕业三个阶段，阿帕奇孵化器最终将项目升级为开源基金会的顶级项目，并已建立起强大的软件生态。阿帕奇孵化器官网显示，截至 2023 年 4 月，该孵化器已孵化 335 个项目，其中 239 个已经毕业，超 300 名导师对项目进行指导和支持。阿帕奇孵化器培育的知名顶级项目包括：Apache Eagle 开源监控告警系统、Apache Geode 分布式数据管理平台、Apache Kudu 列式存储引擎以及 Apache TinkerPop 图计算框架等。

二、日本科技服务业发展模式

日本科技服务业的规模持续增长，科技信息机构和孵化器是科技中介组织的领跑者。

（一）日本科技服务业发展现状

日本科技服务业规模持续扩大，科技成果转化率较高。根据研究型数据统计公司 Statista 的数据，2023 年日本科学研究、专业和技术化服务产值达 46.39 万亿日元，占 GDP 的 8.3%；日本统计局数据显示，2023 年日本科学研究、专业和技术服务从业人员达 256 万人。日本科学技术与学术政策研究所（National Institute of Science and Technology Policy，NISTEP）发布的《科学技术指标 2024》显示，2022 年日本的研发经费总额为 19.1 万亿日元，相比上一年增加 5.3%，位居全球第三，仅次于美国和中国。

（二）日本技术市场发展特点和典型案例

技术交易市场平台、技术转移机构是日本技术市场的重要主体。E-Technomart 是日本代表性的国家级技术交易市场平台，为技术转移活动提供信息服务和交流渠道。E-Technomart 成立于 1985 年，该平台专注于技术转移，特别强调区域协同的推动作用，其服务重点包括商务谈判、展览活动、技术信息网站的运营，以及提供技术交易服务人员的实时联络支持。IP Bridge 是世界知名的技术转移类科技中介组织，重点支持物联网、云计算等产业垂直领域的知识产权授权和商业化。2013 年，日本政府与 26 家民营企业共同出资成立的知识产权基金管理公司 IP Bridge，通过日本科学技术振兴机构（Japan Science and Technology Agency，JST）以及其他公共机构、大学和企业等渠道，整合物联网、云计算等领域的高价值专利组合，提供技术或专利的转让与许可服务，旨在促进产学研合作和技术转移。

（三）日本科技中介组织发展特点和典型案例

公立科技信息机构是日本发展最早的科技中介组织，通过提供科技信息服务推进国内外科学技术研究合作。日本科学技术振兴机构由日本科学技术信息中心（JICST）和日本研究开发公司（JRDC）于1996年10月合并而成。JICST成立于1957年8月，是日本科学技术信息的核心机构，旨在为日本公众提供及时准确的国内外科学技术信息；JRDC成立于1961年7月，其任务是减少国家对海外技术的依赖，选择并支持日本大学和公共研究机构的优秀研究，同时促进这些研究成果向私营部门的技术转移。日本大型科技中介组织以民营孵化器为主。例如，NTT DOCOMO Ventures孵化器成立于2008年，是NTT DOCOMO的全资子公司，业务主要分为三部分：初创公司投资、业务合作和孵化支持。以东京和硅谷为基地，NTT DOCOMO Ventures主要在日本、美国、欧洲和以色列开展全球投资活动，截至2022年，累计管理资产金额达1,050亿日元，成功案例包括Tensor芯片公司、Aill软件公司。

三、德国科技服务业支撑模式

德国积极布局产业垂直领域的科技服务能力，支持以科技咨询机构和孵化器为代表的科技中介组织发展。

（一）德国科技服务业发展现状

德国重视科技研发投入，并保持较高的科技成果转化效率。德国联邦统计局数据显示，2023年科技研发支出占德国GDP的3.1%。

（二）德国技术市场发展特点和典型案例

德国技术市场交易模式与美国、日本等国存在显著差异，除了主要通过科技中介组织，还依托研究机构提供技术解决方案。德国的史太白技术转移中心（Steinbeis Transfer Center，STC）、弗劳恩霍夫学会（Fraunhofer-Gesellschaft）和法国的卡诺研究所网络（The Carnot Network）等平台表现突出，已成为本国创新体系的重要组成部分。成立于1949年的弗劳恩霍夫学会致力于将科学知识高效、可持续地转化为商业用途。截至2023年，弗劳恩霍夫学会官网数据显示，该学会在德国运营着76个研究所和研究单位，拥有约30,800名员工，这些员工主要为科学家和工程师，学会每年的研究预算约为30亿欧元，其中26亿欧元用于合同研究。弗劳恩霍夫学会专注于为产业界开展研发工作，推动研发成果实现商业化。合同研究（Contract Research）是弗劳恩霍夫学会独具特色的运营模式，充分体现了其专注于应用研究的特点，也是其为企业和政府等主体提供研发服务时的首选模式。卡诺研究所网络拥有约3.5万名研究人员，占全法国公共科研机构研究人员总量的20%。国家工业信息安全发展研究中心的调研数据显示，史太白技术转移中心每年执行超过1万个技术转移项目及100多个国际重大项目，培育孵化了包括戴姆勒、博世在内的2,000多家企业，并为巴斯夫、西门子、德国电信等 2 万多家客户提供长期服务。

（三）德国科技中介组织的发展特点和典型案例

德国的科技中介组织发展历史悠久，专业化和市场化程度较高。最早的科技服务组织主要是科技咨询类机构，如 1856 年成立的德国工程师协会（Association of German Engineers）。德国的孵化器实践始于 1983 年，政府通过专项投资的方式，在全国范围内陆续建立了 80 多个科创中心，以促进科技创新和技术转移。

德国科技中介组织的突出特点是数量的持续增长和分布的集聚性。哈勒经济研究所的数据显示，1983—2002 年，德国的孵化器从零发展到了 366 家，其中，1995—2001 年是德国孵化器高速增长的时期，平均每年新增 30 家左右。截至 2019 年，德国孵化器在孵机构包括 5,000 家公司和 200 多个研究机构。德国的科技园和孵化器大多聚集在原来的东德地区。

德国科技园和孵化器联合会是德国知名的孵化器组织，成立于 1988 年，目前约有 150 个创新和商业孵化器会员单位，包含 5,800 多家企业和 46,000 名雇员，成功孵化 17,400 家企业。国家工业信息安全发展研究中心调研数据显示，史太白技术转移中心在全球 50 多个国家设有 1,100 多个技术转移与研发创新中心，拥有 30 多万个专利技术，每年完成约 1 万个技术转移项目和 100 多个重大国际协同创新项目，已累计孵化 2,000 余家企业，长期为西门子、巴斯夫、德国电信、宝马等 3,000 多家企业提供服务。

四、国际经验对我国的启示

（一）强化政府引导与政策支持

许多发达国家通过政府的积极引导和政策支持，推动科技服务业的快速发展。例如，日本政府通过"第六期科学技术与创新基本计划"，明确支持科技服务业的数字化转型、国际化发展和提高国民的科技素养及创新能力；美国通过美国国家科学基金会（NSF）和美国国家航空航天局（NASA）等机构，为科技服务业提供大量研发资金和政策支持。这些经验表明，政府在科技服务业发展中扮演着不可或缺的角色。

我国应进一步完善科技服务业的政策体系，加大对科技服务业的财政投入和税收优惠力度，破除区域和市场壁垒，推动技术转移机构、孵化器、生产力促进中心等市场化改革。同时，政府应通过设立专项基金、引导社会资本参与等方式，深入实施"科技产业金融一体化"专项，鼓励"投早投小投硬科技"，支持科技型企业上市融资。此外，还应加强知识产权保护，完善相关法律法规，为科技服务业的健康发展营造良好的政策环境。

（二）推动科技与产业深度融合

国际上科技服务业的成功经验之一是科技与产业的深度融合。例如，德国通过"工业 4.0"战略，将先进的信息技术与制造业深度融合，推动了制造业的智能化升级;以色列通过创新生态系统,将科研机构、企业、孵化器等紧密联系在一起,形成了强大的创新合力。这种深度融合不仅提升了科技服务业的附加价值,也推动了传统产业的转型升级。

我国应加强科技与产业的协同创新,推动科技服务业与制造业、农业、现代服务业等产业的深度融合。一方面,要鼓励科技服务业企业与传统企业开展合作,通过技术输出、服务外包等方式,帮助传统产业实现数字化、智能化转型;另一方面,要支持科技服务业企业开展前沿技术研发,提升科技服务业的核心竞争力。同时,应加强产学研协作,推动科技成果转化与应用,构建科技与产业良性互动的发展格局。

(三)加强国际化合作与人才培养

国外科技服务业的发展离不开国际化合作和高素质人才的支持。例如,新加坡政府通过推出的高技能人才和专业人士引进政策(Employment Pass),旨在吸引全球顶尖的科技人才和专业人士到新加坡工作和生活;欧盟通过"地平线2020"计划,推动成员国之间的科技合作,促进了人才的流动与共享。这些经验表明,国际化合作和人才培养是提升科技服务业国际竞争力的关键。

我国应积极参与国际科技合作,加强与发达国家和新兴经济体的科技交流与协作。一方面,要鼓励国内科技服务业企业"走出去",在全球范围内开拓市场,增强国际影响力;另一方面,要吸引国际科技企业和科研机构"引进来",通过鼓励外资加大科技服务业领域投资,支持与全球知名科技服务机构合作开展国内项目、联合研发等活动,提升我国科技服务业的国际化水平。同时,应加强科技服务业人才队伍建设,通过高校教育、职业培训、海外引进等多种途径,培养一批既懂技术又懂管理的复合型人才,为科技服务业的发展提供坚实的人才保障。

第四章
我国科技服务业标准建设

一、科技服务业标准化

当前我国科技服务业态日益丰富，科技服务机构的发展规模、服务主体、服务目标、服务方式、服务内容等方面也呈现出复杂多样的趋势，但总体而言，我国科技服务业总体规模仍较小，科技服务机构能力较弱。

一是科技服务机构"小、散、弱"，科技孵化、检验检测、知识产权等细分领域的科技服务机构数量多但体量小，市场化运作不足，尚未形成以知名品牌服务机构为带动的产业集聚和协作效应。

二是面向垂直产业领域的专业化科技服务机构数量不足，服务内容碎片化、同质化现象严重，难以匹配产业创新精准化、高端化需求。重点产业领域的概念验证中心，以及小试、中试、量产等基础试验服务设施投资不足，服务能力和水平难以支撑新型工业化建设。

三是机构服务成果产业化定位模糊，服务能力水平参差不齐，区域化差异明显。当前我国服务机构发展呈现"东高西低"的趋势，从法人主体上看，北京、江苏、浙江、广东等地的法人主体有 85 万余家，占全国总数的 41.54%，贵州、云南、山西、甘肃、青海等西部 8 省占比仅为 6.32%。综上，亟须标准化规范各类科技服务机构的建设标准和发展要求，指导科技服务机构向垂直型、多层次、规范化发展，避免低端重复建设。

（一）科技服务国家标准情况

当前，我国已发布科技服务相关国家标准 1,902 项。其中，科学研究与试验发展服务类 44 项、专业化技术服务 1,336 项、科技推广及相关服务 19 项、科技信息服务 399 项、科技金融服务 27 项、科技普及和宣传教育服务 58 项、综合科技服务 19 项，涵盖科技部、农业农村部、工业和信息化部、国家广播电视总局等 18 个部门的相关工作，涉及的全国标准化技术委员会数量达到 238 个。

（二）科技服务行业标准情况

科技服务相关的行业标准目前有 65 项，覆盖农业、通信、电子、认证认可、贸易、金融、交通、电力、轻工业、金融等行业。部分科技服务业行业标准见表 4-1，归口部门涵盖农业农村部、工业和信息化部、中华全国供销合作总社、国家认监委、国家能源局、中国人民银行等部门。

表 4-1 部分科技服务业行业标准

序号	标准名称	行业	主管单位	归口单位
1	检验检测机构管理和技术能力评价 设施和环境通用要求	认证认可	国家市场监督管理总局	国家认监委
2	检验检测机构管理和技术能力评价 授权人签字要求	认证认可	国家市场监督管理总局	国家认监委
3	检验检测机构管理和技术能力评价 内部审核要求	认证认可	国家市场监督管理总局	国家认监委
4	检验检测关键消耗品供应商通用要求	认证认可	国家市场监督管理总局	国家认监委
5	检验检测关键消耗品供应商评价规程	认证认可	国家市场监督管理总局	国家认监委
6	农业部农产品质量安全监督检验检测中心建设标准	农业	农业农村部	
7	煤矿在用提升绞车系统安全检验检测规范	安全生产	应急管理部	全国安全生产标准化技术委员会煤矿安全分技术委员会
8	电力技术转移服务规范	电力	国家能源局	中国电力企业联合会
9	农业科技成果转化信息服务平台资源共享技术指南	供销合作	中华全国供销合作总社	中华全国供销合作总社
10	轻工业企业知识产权管理指南	轻工	工业和信息化部	
11	农村普惠金融服务点 支付服务点技术规范	金融	中国人民银行	
12	信息技术服务 咨询设计 第1部分：通用要求	电子	工业和信息化部	工业和信息化部电子工业标准化研究院
13	管理咨询服务规范	国内贸易	商务部	中国国际商会商业行业商会
14	图书馆参考咨询服务规范	文化	文化部	全国图书馆标准化技术委员会
15	档案服务外包工作规范 第3部分：档案管理咨询服务	档案	国家档案局	国家档案局

二、科技服务业标准体系

科技服务业标准体系从涵盖服务范围出发，结合科技服务业技术产业化的服务要求和现阶段发展面临的标准化需求，设计了基础通用服务、研发设计服务、科技咨询服务、概念验证和中试服务、检验检测认证服务、技术转移服务、创新孵化服务、科技金融服务、知识产权服务、支撑保障服务等10个标准体系（见图4-1）。基础通用服务标准体系统筹规范科技服务业术语、范围等共性问题，是其他标准体系的底层支撑；研发设计服务、科技咨询服务、概念验证和中试服务、检验检测认证服务、技术转移服务、创新孵化服务、科技金融服务、知识产权服务等8个标准体系覆盖技术创新到产业化应用的全链条，是科技服务的主要部分；支撑保障服务标准体系涵盖信息技术、综合科技、服务人员与质量服务，是科技服务高质量发展的重要支撑。

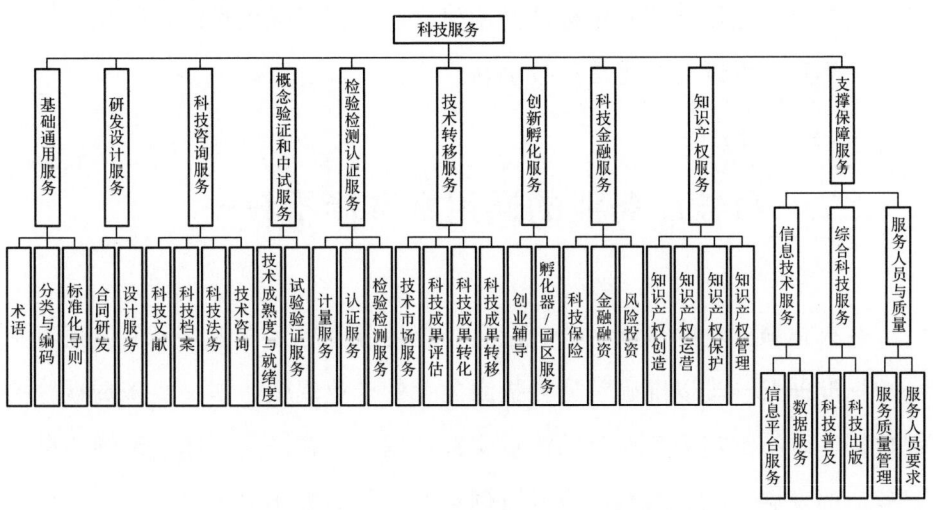

图4-1 科技服务业标准体系框架图

三、存在问题

（一）关键领域标准供给不足

科技服务业对产业创新的支撑引领作用不强。我国现行的 1,902 项科技服务业国家标准主要集中于海洋、航空、电子等行业，分布在检测检验、信息化系统建设等服务领域，针对重点产业链的标准数量少且层次低，尤其在规范引导科技成果评价、推广应用、创新孵化等产业化领域的标准存在较大缺口。科技成果推广的相关国家标准仅有 19 项，占比不到 1%，且主要集中在农业技术领域。截至 2022 年，科技成果评价领域共有 14 项地方标准和 46 项团体标准，主要对科技成果评价服务进行规范，针对不同类型研究成果的分类评价专用标准尚未建立，科技成果评价的标准化、规范化水平不足，难以有效支撑科技创新。

（二）科技服务业的通用标准尚不统一

在科技服务业的基础术语、定义、统计分类等方面，尚未形成完善统一的标准框架，难以准确掌握科技服务业的产业规模、国民经济贡献等关键数据，政策制定缺乏充分的产业实践依据，这在一定程度上制约了科技服务业的发展，无法满足产业科技创新所需的标准化要求。

（三）服务机构的要求和质量标准亟须完善

随着新型服务主体的不断涌现和服务业态的日益丰富，新技术、新模式、新业态层出不穷。目前，科技服务业缺乏专门针对服务机构的标准，导致服务机构的准入门槛、服务流程、服务质量评价体系等方面尚未形成统一的标准。这使得市场上服务机构的水平参差不齐，服务质量难以得到保障。这种情况不仅损害了科技服务业的整体形象，也阻碍了其高质量发展。此外，由于缺乏统一的服务机构标准，消费者在选择服务机构时往往难以判断其专业性和可靠性，从而增加了选择成本和风险。

四、对策建议

（一）加快完善科技服务业标准体系

面向重点产业的技术迭代需求，应统筹制定科技服务业领域的术语、行业分类与代码、技术成熟度与就绪度评估标准、概念验证中心服务规范、中试验证服务标准、技术转移机构服务质量要求、孵化器服务质量管理规范、高价值专利评价标准等一系列亟待制定的标准。加快建立全国统一的科技服务标准化专门机构，凝聚科技服务行业共识，制定涵盖创新主体、孵化过程和产业化应用的标准化路线图，系统化推动科技服务业标准的制定与实施。

（二）深化科技服务业标准宣贯应用

应面向地方政府、各类创新主体及科技服务机构，组织开展标准宣贯与推广活动。以科技服务标准化工作组为核心，推动行业协会、科技服务机构、产业园区等单位的应用标准推广，推动科技服务机构按照标准要求提升服务水平和质量，开展成果转化与产业化相关工作，从而增强标准对行业发展的引领与支持作用。在此基础上，遴选出优秀的科技服务试点主体，借助案例推广、活动交流等方式，推动标准的普及和实施。通过发挥标准化示范效应，带动更多机构积极参与标准的实施，形成良性循环，促进科技服务行业的整体发展与创新。

（三）促进科技服务业标准国际合作

建立国内外科技服务联络制度，鼓励国内各类创新主体、科技服务机构等单位积极参与国际标准化活动，推动国际先进经验的吸收、引进及特色化转化落地，并根据实际需求，适时提出国际标准提案。组织专业力量定期研究国际标准化组织及发达国家在科技服务标准化方面的相关工作，推动国内外标准化技术人员的交流与合作。充分鼓励国内头部科技服务机构与国际标准化机构合作，将国内先进经验和做法适时转化为国际标准，提升国际话语权和影响力。

第五章
我国科技服务业重点领域发展

科技服务涵盖了研究开发、技术转移转化、企业孵化、技术推广、检验检测认证、信息技术、工程技术、科技金融、知识产权、科技咨询及其他科技服务。下面对其中的部分重点领域展开研究分析。

一、研究开发服务

研究开发服务是指为企业和个人提供的关于产品研发和设计的专业服务，通常包括但不限于市场调研、概念设计、详细设计、原型制作、测试验证以及产品优化等环节。该服务旨在帮助客户解决产品开发过程中的技术难题，提高产品的创新性和竞争力，促进产品与服务效能的提升。同时，研究开发服务还可以有效降低客户在研发方面的成本和时间投入。

在中国，研究开发服务是支持国家创新驱动发展战略的重要组成部分，对推动产业升级和促进经济结构转型具有关键作用。企业和研究机构通常致力于提供高水平的研究开发服务，以满足市场需求，推动科技进步。

（一）发展历程

在新一轮科技革命和产业革命的大背景下，科技创新能力已成为决定国家综合实力和国际竞争力的核心因素。研究开发服务作为科技服务业链条的关键环节，是创新驱动的源泉，对推动国家科技进步和经济社会高质量发展具有至关重要的作用。研究开发服务不仅通过持续的技术创新和知识创造，为各行各业提供强大的技术支持，促进产业结构的优化和升级，还成为激发其他领域创新动力的重要源泉。研究开发服务涵盖基础研究、应用研究和试验发展三大领域的活动，并且在国家发展大战略的指导下，始终受到重视。

新中国成立初期，研究开发服务的范围较为狭窄，主要集中在国家战略领域，提供对国家安全至关重要的保障。随着改革开放的深入推进，研究开发服务的范围逐步向民用领域扩展。进入 21 世纪，我国的研究开发服务进入了快速发展阶段。2006 年，自主创新战略进一步强调了企业在技术创新中的主体地位，市场导向和产学研结合成为研究开发服务的新特征。研发经费的持续增长及其占 GDP 比重的上升，为研究开发服务提供了有力的支持。同时，企业、科研院所和高校等多元化创新主体的参与，使得研究开发服务呈现出蓬勃发展的态势。

在国际化背景下，我国研究开发服务的国际化程度不断加深，通过引进国外先进技术，推动国内外创新资源的整合。科技成果转化政策的不断完善，显著提高了研究开发服务的成果转化效率，为经济发展注入了新的活力。此外，依托国家实验室、国家重点实验室、企业技术中心等创新平台的逐步建立，为研究开发服务提供了坚实的支撑。

（二）发展趋势

在全球范围内，科技创新的支持力度不断加大，企业对创新的需求也日益增长。作为科技创新的重要推动者，中国在研究开发服务领域的需求将持续扩大。同时，随着研究开发工作的复杂化和专业化程度的不断提升，研究开发服务机构将更加注重提供专业化的服务，以提升服务质量和效能。行业细分化趋势愈发明显，各研究开发服务机构将聚焦于为特定行业或专业领域提供定制化的解决方案。随着人工智能、大数据、云计算等前沿科技的持续发展，研究开发服务机构的技术能力和服务水平也将不断提升。这些新兴技术的融合与应用，将推动研究开发服务行业进入产业升级的新阶段，持续提升研究开发服务的质量和效率。

（三）产业结构

1. 市场主体

研究开发服务行业的市场主体体系呈现多维度协同特征，各参与主体通过差异化功能定位共同构建创新生态系统。

（1）高等院校与科研院所：作为基础研究的主力军，依托国家实验室、重点实验室等平台，承担前沿技术探索与核心技术攻关任务。

（2）科技企业和创新型企业：科技企业是研究开发服务行业的重要参与者，通常以市场需求为导向，专注于产品开发、工艺改进和技术创新，以满足市场需求。

（3）创新载体和孵化机构：新型研究开发机构、科技孵化器、创新加速器等机构通过构建全链条服务体系，推动科技成果转化和产业化。

（4）政府部门和产业联盟：政府部门通过科技计划与创新政策引导创新方向，产业联盟通过制定标准、协同攻关等机制促进行业技术进步。

2. 产业规模

2024年我国全社会研究与试验发展经费达到36,130亿元，比2023年增长了8.3%，占国内生产总值的2.68%。其中，基础研究经费为2,497亿元，比2023年增长了10.5%。

研发人员全时当量是国际上广泛采用的科技人力投入的比较指标，是指研发人员根据实际从事研发活动的时间所计算出的工作量。随着科教兴国、人才强国战略的实施，我国科技创新人才队伍不断壮大。1991年以来，我国按全时工作量折算的研发人员总量增长了10倍，2012年突破300万人年，2023年达到了724万人年，连续11年稳居全球第一。

3. 分布

《中国统计年鉴2024》数据显示，截至2023年，中央属和地方属的研究与开发机构共计2,890个，研究与试验发展人员全时当量为50.5万人年，研究与试验发展经费内部支出为3,856.3亿元，研发项目（课题）数为153,419项。

我国高等学校数量为2,822个，拥有研究与试验发展机构共26,881个，研究与试验发展人员全时当量为83.7万人年，其中基础研究为40.4万人年，应用研究为36.8万人年，试验发展为6.5万人年。研究与试验发展经费内部支出为2,753.3亿元，项目（课题）数为1,701,829项。

（四）典型研发服务载体

我国研究开发服务机构主要分为国家重点实验室、国家工程研究中心、国家制造业创新中心和新型研发机构等。

国家重点实验室是国家科技创新体系的重要组成部分，其主要职能是针对学科发展前沿、国民经济、社会发展及国家安全的重要科技领域和方向开展创新性研究，推动学科发展，促进技术进步，并发挥原始创新能力的引领作用。目前，我国的国家重点实验室已超过 500 家。北京拥有 77 家全国重点实验室，上海和江苏均拥有超过 30 家全国重点实验室。

国家工程研究中心是以服务国家重大战略任务和重点工程实施为目标，组织建设具有较强研究开发和综合实力的企业、科研单位、高等院校等的研究开发实体。

国家制造业创新中心是国家级创新平台的一种形式，通过企业、科研院所、高校等各类创新主体的自愿组合和自主结合，依托企业主体，以独立法人形式建立的新型创新载体。目前，我国拥有国家工程研究中心 191 家，国家制造业创新中心 29 家。

新型研发机构是聚焦科技创新需求，主要从事科学研究、技术创新和研究开发服务的独立法人机构。这些机构具有多元化的投资主体、现代化的管理制度、市场化的运行机制以及灵活的用人机制。目前，全国的新型研究开发机构已超过 2,400 家，主要分为政府主导型、大学主导型、科研院所主导型、企业主导型 4 种类型。

（五）典型案例

1. 北京大学重庆大数据研究院

北京大学重庆大数据研究院成立于 2021 年，是在重庆市政府指导下，由重庆高新技术产业开发区管理委员会与北京大学共同举办的具有独立法人资格的重庆市属事业单位。

该研究院依托西部（重庆）科学城，紧密对接国家战略需求及重庆发展需要，组建了一支高水平的科研团队，专注于大数据智能化和数字化转型领域的关键技术研发及成果转化。研究院创新性地提出"高校+校内组织机构+异地科研机构"三位一体的科技成果转化模式，初步实现了数学学科从基础研究到实际应用的全链条创新，成功孵化了包括北太振寰（重庆）科技有限公司在内的一批科技企业，构建了以基础软件为"根基"、工业软件和行业应用软件为"枝干"的软件产业生态体系。

目前，研究院已成功落地 10 个研究中心，聚焦大数据及数字化转型领域的前沿科学问题，开展深入的系统性研究工作。截至目前，研究院已发表署名论文 81 篇（其中 SCI 论文 60 篇），申请发明专利 84 项、软件著作权 55 项。

在人才队伍及平台建设方面，研究院已获批国家级博士后科研工作站、国家自然科学基金依托单位、国家自然科学基金优秀青年基金项目（海外）依托单位等资质。通过"院士领衔＋全球招募"模式，该研究院组建了涵盖数学、计算机、机械工程等多个学科的高精尖跨学科团队。目前，研究院在岗人员达 270 余人，其中硕博学历人员占比 80%，研发人员占比 85%。研究院还引进了 2 位院士、10 名国家级人才及 40 余名海外高层次人才。

科技成果转化方面，研究院积极探索创新，通过"创新链、产业链、资金链、人才链"四链融合模式，加速推动科技成果的转移转化和产业化发展，已孵化科技企业 10 余家。

2. 松山湖材料实验室光子制造联合工程中心

松山湖材料实验室光子制造联合工程中心（简称"中心"）由中科羲和（广东）科技有限公司牵头，与松山湖材料实验室联合共建。中心专注于钙钛矿光伏装备领域，致力于核心工艺装备和整线解决方案的研发与产业化。

在整线解决方案方面，中心依托松山湖材料实验室的体制机制优势，搭建了国内首条 300mm 钙钛矿组件免费公共服务示范平台。该平台为科研人员提供设备的免费使用、免费培训以及部分材料的免费供应，并开源基础电池工艺，从而大大降低行业技术验证的门槛。

在核心工艺装备方面，中心基于示范平台探索并开发新型核心装备，率先在行业内推出了 24 束 2,400mm×1,200mm 激光划刻设备，并成功实现了百兆瓦、吉瓦级设备的批量交付。此外，中心首创了钙钛矿激光退火装备，实现了钙钛矿层的精准退火。中心还开发了狭缝涂布设备，涂布均匀性不大于 5%。这些核心装备技术的成功开发和应用实现了科研技术的转移与转化。

截至目前，中心已牵头举办了钙钛矿电池学术与产业化（大湾区）论坛，并获得了"学习强国"、省市电视台等多家媒体的报道。此外，中心荣获中国材料学会授予的"创新型技术企业"称号，并在第八届"创客广东"大赛中被评为"新材料创新创业典型项目"，在"2024 太阳能科学与应用技术国际会议"中被评价为"产业化先驱者"。

二、技术转移转化服务

技术转移转化服务是指通过提供一系列专业服务，促进技术从供给方向需求方转移和转化，从而推动技术成果的实际应用与商业化。这些服务涵盖了技术转移转化过程中的各个环节，旨在促进技术创新与市场需求之间的有效对接。技术转移转化服务主要包括技术开发服务、技术转让服务、技术服务与技术咨询服务、技术评价服务、技术投融资服务、信息网络平台服务。

（一）服务内容

技术开发服务主要包括：技术孵化服务；小试中试服务；配套开发与集成服务；二次开发或新用途开发服务；组织技术联盟联合开发服务；技术路线图绘制服务；技术标准制定服务；非标准化检验检测服务等。

技术转让服务主要包括：专利权与专利申请权的转让和专利实施许可服务；技术秘密和其他知识产权（计算机软件著作权、集成电路分布图设计专有权、植物新品种权等）转让和实施许可服务；临床批件、新药证书、生产批件转让服务；技术入股服务；技术进出口服务等。

技术服务与技术咨询服务主要包括：专业化工艺编制、流程改进、技术调试等服务；技术推广、指导及相关培训服务；技术项目信息加工与分析服务；专业技术问题解决方案服务；技术交易中介服务等。

技术评价服务主要包括：技术转移项目的前期立项、中期实施、后期效果的评价服务；技术成果的技术价值、经济价值、实施风险的评价服务；技术转让、技术入股、技术并购时的价值评价服务；技术投资行为与运营绩效的评价服务等。

技术投融资服务主要包括：技术投资、股权融资、技术并购服务；专利、版权和商标的质押融资服务；技术投融资风险监控咨询服务；技术转移政策性信贷、专项补贴咨询服务等。

信息网络平台服务主要包括：技术成果信息、技术需求信息、科技人才信息在线发布服务；技术成果挂牌交易服务；技术成果交易公示服务；与知识产权、产业技术等专业性服务平台合作开展的信息发布、项目对接服务；与技术交易市场等综合性服务平台开展的互联互通、资源共享、技术交易服务；为扩展服务领域而开展的采集数据资源、电子网络平台建设服务；利用大数据技术对海量数据资源进行挖掘、分析以实现供需精准对接的服务；通过网络平台与传统金融机构、投融资机构开展合作的互联网金融服务等。

（二）服务机构

根据《国家技术转移体系建设方案》和《技术转移服务规范》对技术转移机构业务范围的定义，技术转移机构大致可分为以下几类。

一是中介服务机构。此类机构为高校和科研院所提供信息加工整理、知识产权管理、技术推介、技术评估、技术投融资等专业服务，同时也为企业提供咨询、知识产权管理等服务。此外，中介服务机构还可为高校院所与企业之间提供技术经纪服务。

二是具备产品开发测试或工程集成能力的专业机构。相较于中介服务机构，这类机构拥有独立的研发能力，能自主完成从技术成果到产品转化的全过程，并向市场提供专业化技术服务。

三是高校院所设立的成果转化服务中心或公司。这类机构主要负责受理本单位的发明披露、分析科技成果的应用价值、管理知识产权、指导科研人员开展科技成果转化、制定科技成果转化方案等，以帮助技术成果所有权方实现知识产权的最大价值。

四是技术转移行业服务机构，有时也称为"第四方平台"，类似于培育机构的服务机构。这类机构积极推动并引导一批区域性中小企业科技服务机构的发展。通过建立高可信度的国家级科技成果转化信息平台，培养高质量的技术经理人队伍，加强行业自律并制定相关规范，同时组建专业化团队，帮助高校院所和企业进行成果转化，发挥引导性作用。这类机构具有明显的公益属性。

（三）典型案例

1. 浙江大学控股集团有限公司

浙江大学控股集团有限公司（简称"浙大控股集团"）以打造高能级科创赋能平台为战略目标，积极汇聚浙江大学和浙江省的创新要素，初步形成了科创投资、科创服务、规划设计三大业务板块，深度融入浙江大学"1+4+1"科技成果转化及产业化体系，并完善了"一院一园一平台一基金"模式，逐步构建了"源头创新—概念验证—早期孵化—产业落地—发展加速"的科创产业路径。

2022年10月，浙大控股集团联合浙江大学成立了全省首家创新概念验证中心——浙江大学启真创新概念验证中心，标志着有组织科研成果转化、加速产业化进程的全面启动。该中心依托浙大控股集团建立科创全生命周期赋能生态，结合有组织的科技成果转化与产业化体系，采用概念验证模式推动科技创新项目的落地。通过整合关键产业资源，助力技术工程化，快速验证科技成果的技术可行性与产业化价值，提升科技成果产业化的成功率。

浙大控股集团始终以市场需求为导向，以概念验证作为重要抓手，推动创新源头的技术突破和样品样机的工程训练，创新探索股权架构和分配机制，推动"科学家团队 1/3+工程产业 1/3+投资机构 1/3"的共赢共享模式。通过资源整合与平台赋能，浙大控股集团精准对接最新的市场需求与前沿科技团队，打通科技创新创业从实验室到市场的"最初一公里"，推动创新链与产业链的深度融合，并加强概念验证中的软服务与硬件支持。

在推动创新链与产业链的深度融合过程中，浙大控股集团的概念验证中心组建了专业项目服务团队，围绕产业发展和市场评估两个维度，引导概念验证成果的产业化路径，联动共性技术平台、中试基地等产业发展平台。同时，浙大控股集团还组建了由院士领导的概念验证技术专家委员会，以及由市场技术专家、上市公司产业专家、知名企业家、创业导师组成的产业专家委员会，共同为概念验证项目提供决策支持。浙大控股集团还构建了现代化科创服务体系，采用"供需匹配—实施推进—跟踪服务—评估反馈"的全生命周期服务模式，最大限度地降低科创企业的运营成本。

自 2022 年以来，浙大控股集团与浙江大学、金华市政府、浙江工业大学、西湖区政府联合成立了五家创新概念验证中心，成功挖掘并入库超过 200 个创新概念验证项目。其中，已有 100 多个项目深度对接，28 个概念验证项目获得资金支持，21 个新注册项目成功落地。浙大控股集团还参与成立了 4 只概念验证相关基金，总规模达 4.5 亿元，并投资了 8 个项目。首个由概念验证基金投资的项目——浙江能丰光电科技有限公司中试基地已正式落户湖州。此外，概念验证项目——苏州融速智造科技有限公司也成功完成千万元级"Pre-A+"轮融资。

2. 8 英寸特色工艺及设备物料验证平台

8 英寸特色工艺及设备物料验证平台依托于联合微电子中心有限责任公司（CUMEC）。该公司于 2018 年 10 月在重庆注册成立，由中国电子科技集团有限公司与重庆市政府联合打造，作为国家级国际化新型研发机构，首期投资超过 30 亿元。CUMEC 旨在建设国内领先的特色工艺平台，致力于满足国家微电子行业的高端发展需求，聚焦打造集技术、产品和工艺于一体的光电融合高端特色工艺平台。平台的核心技术涵盖硅基光电子、异质异构三维集成、数模混合等工艺技术和产品技术，布局方向包括硅基光电子、智能传感、特色工艺、微系统先进封装等领域，紧跟全球集成电路发展的主流趋势，并致力于探索"超越摩尔"的行业发展模式。

中国电子科技集团有限公司与重庆市政府共同投入超过 13 亿元建设中试平台，重点发展硅基光电子和微系统先进封装工艺。平台提供从工艺设计、工艺制造到集成测试的全流程一站式服务，每年定期开展多晶圆 MPW 流片服务以及定制化包晶圆流片服务，累计服务国内外超过 200 家客户，涵盖光通信、人工智能、自动驾驶、生物传感等多个战略新兴领域，成为国内规模最大、服务群体最广的硅基光电子中试平台。

目前，平台提供的中试服务包括：硅基光电子芯片、Chiplet 芯片、三维集成先进封装、模拟集成电路、传感器芯片等领域的工艺开发、熟化服务；产品的试制和小批量供货服务；集成电路领域的原材料、设备备件耗材国产化验证服务；集成电路领域国产设备首台套验证服务；电子基础领域的硅光芯片封装与测试服务。

三、企业孵化服务

（一）发展现状

成立于 1987 年的武汉东湖新技术创业中心是我国第一家高新技术创业服务中心，也是中国企业孵化事业的发源地。随后经过政策推动和市场化探索，企业孵化服务进入快速发展阶段。当前，随着企业孵化服务不断深化与创新，硬科技对高新技术领域的支撑作用日益凸显，成为推动产业升级和创新发展的关键抓手。尤其在国家自主创新战略引领下，硬科技培育已成为孵化服务的新焦点和战略制高点。

2016 年，硬科技的概念由中科创星科技投资有限公司创始合伙人、陕西光电子集成电路先导技术研究院执行院长米磊首次提出。2021 年工业和信息化部实施"科技产业金融一体化"专项，会同证券交易所和各类投资机构，通过硬科技属性评价、科创板上市培育以及地方配套政策激励，引导更多社会资本"投早投小投硬科技"。根据"十四五"规划的界定，硬科技是指建立在科学发现和技术发明基础之上，需要长期研发投入和持续积累，具有较高技术门槛和明确应用场景，且难以被复制模仿的关键核心技术。硬科技企业与各类创新型企业的区别与联系见表 5-1。

表 5-1 硬科技企业与各类创新型企业的区别与联系

企业类型	行业领域	企业能力	建设目标	企业规模
硬科技企业	聚焦于国家战略性新兴产业和关键技术领域，包括但不限于光电芯片、人工智能、航空航天、生物技术、信息技术、新材料、新能源、智能制造等前沿科技领域	具备强大的科研能力和技术研发能力，具有颠覆性的技术创新能力，拥有核心专利或关键技术，在某些核心技术上处于领先地位，需要持续研发投入，有大量的创新要素储备	推动社会变革，强化国家战略科技力量，通过自研关键技术，提升产业链供应链韧性，实现高端制造、国产替代和国际领先，最终实现技术突破，引领新一轮科技革命和产业变革	不固定
创新型企业	涵盖范围广泛，包括传统行业（如制造业、农业、服务业）和新兴行业（如电子商务业、共享经济业）	虽然重视研发投入，但不一定局限于技术研发，创新的方式包括技术、产品、服务、商业模式的改变与提升	通过各种创新手段提升综合竞争力和市场实力，推动企业走创新发展道路	不固定
高新技术企业	国家重点支持的高新技术领域，包括电子信息、生物与新医药、航空航天、新材料、高技术服务、新能源与节能、资源与环境、先进制造与自动化等领域，每个领域内都有多个细分领域，涉及的技术和产品种类非常广泛	注重研发投入和创新能力，不一定要求有突破性技术	通过技术创新提升企业整体技术水平，促进产业升级	不固定
科技型中小企业	覆盖行业广泛，包括但不限于制造、信息技术、环境治理、农业、医疗等行业	拥有一定的研发实力和创新能力，能通过技术改进和工艺优化，满足市场日益变化的需求	通过技术创新提升企业竞争力，开拓新市场并实现增长	中小企业，员工不超过500人，年收入不超过2亿元
瞪羚企业	覆盖行业广泛，包括但不限于生物科技、软件服务、半导体、健康科技、人工智能等行业	以科技创新或商业模式创新为支撑，能够在短时间内实现显著的市场扩张和收入增长	成为行业内的创新领导者，通过快速成长带动地区经济发展和产业升级	中小企业

续表

企业类型	行业领域	企业能力	建设目标	企业规模
独角兽企业	覆盖行业广泛,包括但不限于科技、金融科技、文娱传媒、物流等行业	拥有独创性或颠覆性的技术、产品或商业模式,研发投入相对分散,更注重快速迭代和市场反馈,研发周期较短	快速增长和扩张,成为行业内的领先企业,侧重于市场占有和商业模式的创新	估值10亿美元以上
创新型中小企业	覆盖行业广泛,包括但不限于高科技行业	在产品、技术、商业模式、管理等方面具有创新能力	成为创新的重要发源地,通过创新驱动企业发展,提升企业的市场竞争力	中小企业
专精特新中小企业	行业领域广泛,涉及制造业、服务业等多个领域,不局限于高科技行业	通常专注于特定的细分市场,注重与自身市场定位相匹配的技术创新和产品开发,不一定在核心技术上具有全球领先性	成为细分市场的领导者,通过专业化和特色化的产品和服务,提升企业的市场竞争力和品牌影响力	中小企业
专精特新"小巨人"企业	侧重于制造业核心基础零部件、元器件、关键软件、先进基础工艺、关键基础材料等领域,或符合制造强国战略的重点产业领域	具备自主创新能力,拥有关键领域的核心技术,更强调专业化、精细化、特色化、创新化的发展模式,注重在细分市场中的深耕和优势	通过提升创新能力和专业化水平,增强产业链配套能力,实现产业基础高级化,并发挥示范引领作用	中小企业
"绿色通道"IPO科技型企业	覆盖领域广泛,要求主营业务属于《产业结构调整指导目录》鼓励类行业	具备一定的技术研发实力,至少达到国家企业技术中心认定的3项基本条件:上年度研究与试验经费支出额大于1,500万元;专职研究与试验发展人员数不少于150人;技术开发仪器设备原值不低于2,000万元	不仅关注科技创新,还重视资本运作和可持续发展,通过快速上市融资来扩大规模,增强市场竞争力,实现长期发展目标	符合上海证券交易所、深圳证券交易所、北京产权交易所相关要求

续表

企业类型	行业领域	企业能力	建设目标	企业规模
科创板企业	主要分布在国家重点支持的高新技术产业和战略性新兴产业，包括新一代信息技术、高端装备制造、新材料、新能源、节能环保、生物医药等领域	具备较强的研发和技术创新能力，拥有自主知识产权和核心技术，研发投入强度较高。具有稳定的商业模式和良好的成长性，已形成成熟的产品或服务，并实现市场化应用。具备规范的公司治理结构和完善的内控体系，满足上市公司信息披露要求，代表了硬科技企业发展的最高形态	通过资本市场支持，服务国家创新驱动发展战略，推动关键核心技术突破，促进科技成果产业化。发挥示范引领作用，带动相关产业升级和创新发展，助力中国从制造大国向创新强国转变	需满足科创板明确的上市条件

中国的硬科技与欧美的深科技均属于前沿科技领域。在欧洲，深科技领域是欧洲最大的风险投资领域之一。2015—2024年欧洲深科技领域风险投资总额见图5-1。

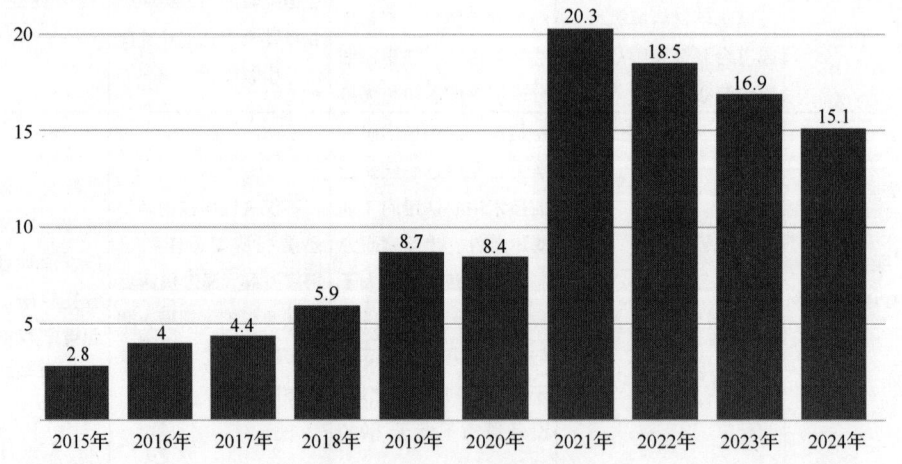

图5-1 2015—2024年欧洲深科技领域风险投资总额（十亿欧元）

（数据来源：Dealroom）

根据Dealroom最新数据，2022年美国在深科技领域的投资遥遥领先，是欧洲的 2.5 倍。欧洲深科技领域在 2020 年后展现出较强的韧性。

21 世纪以来，美国在深科技领域的发展体现了以下关键特点。

一是高度重视创新创业生态系统的构建。2015 年发布的《美国国家创新战略》强调，通过激发私营企业活力提升国家创新能力，具体包括健全研发税收抵免机制、加大对科技创业者的扶持力度、加速政府资助科研成果商业化以及推动政府数据向企业开放共享。

二是商业加速模式成为主流趋势。2014 年美国中小企业局推出的"增长加速器基金竞赛"持续推动小企业技术商业化，以 Y Combinator 为代表的专业培育机构快速发展，为硬科技企业提供系统化指导服务，帮助企业实现更快的成长与突破。

三是围绕产业创新目标，在垂直领域进行深度布局和投资培育。微软、英特尔、强生、亚马逊等全球领先企业均自建或参与建设深科技培育机构，推动产业链前沿创新，并将这些创新融入自身的企业创新生态系统中。

2024 年 1 月，工业和信息化部等七部门发布了《关于推动未来产业创新发展的实施意见》，提出了一系列保障措施，明确推动制造业转型升级基金、国家中小企业发展基金等加大投入，实施"科技产业金融一体化"专项，推动资本向早期、小规模、硬科技领域投资。2025 年 3 月，国家发展改革委计划设立国家创业投资引导基金，重点关注硬科技领域。该基金秉持长周期运作的理念，旨在提升容错能力，并通过市场化方式投资科技型企业。

与欧美国家相比，我国硬科技企业的培育体系仍在不断完善中。目前，一些国内机构和项目在借鉴国际经验时，往往采取直接复制的方式，忽视了对国内创业环境、企业需求及文化差异的深刻洞察。这种做法难以满足国内硬科技企业的特殊需求，进而影响了培育效果。同时，国内硬科技企业培育体系尚未充分与我国特色融合，未能有效利用本土优势资源，资源整合与利用方面仍存在不足，导致培育体系的竞争力未能得到充分发挥。

2023年，国家工业信息安全发展研究中心主导制定了《企业硬科技能力建设 通用要求》团体标准。该标准发布后，迅速引起中国证券监督管理委员会、上海证券交易所、地方政府以及相关企业的广泛关注，成为各方评估企业硬科技能力建设符合性与有效性的参考依据。该标准对于指导硬科技企业系统地建设、实施与改进其硬科技能力具有重要意义。此外，该标准还被选入工业和信息化部 2023 年团体标准应用示范项目，进一步验证其在实际应用中的价值和影响力。

2025 年政府工作报告针对中小企业的发展与成长，提出了更多期望与指导，新增了"梯度培育创新型企业"和"从制度上保障企业参与国家科技创新决策"的政策，政策力度显著提升。报告还强调，要促进专精特新中小企业的发展壮大，支持独角兽企业和瞪羚企业的成长，并鼓励更多企业在新领域、新赛道上加速发展。

（二）服务机构

企业孵化服务是指通过提供场地设施、技术支持、融资对接、管理咨询等综合性服务，帮助初创企业降低创业风险、缩短成长周期、提高成功率的专业化服务，主要以硬科技企业培育服务为核心。硬科技企业培育服务面向那些建立在重大科学发现和技术发明基础上、具有高技术门槛的创新型企业，提供从概念验证到产业化应用的全链条支持，帮助企业克服技术壁垒，加速科技成果转化和市场化进程。

硬科技培育机构专注于为硬科技领域的中小微企业提供支持与服务，致力于推动这些企业的成长与发展，通过多种渠道深入挖掘并筛选硬科技领域的中小微企业，根据其不同的发展阶段，将企业划分为概念验证、试生产、中试熟化、工程化应用和产业化应用等多个等级，并纳入相应的培育体系。硬科技培育机构不仅促进科技成果的转化，还帮助硬科技企业精准识别需求，推动资源的高效对接，支持企业开拓市场、建设销售渠道。此外，机构设立创新投资基金，针对培育体系中的企业开展股权投资，助力企业做大做强，最终推动企业成功上市并实现融资。

1. 启迪控股

启迪控股依托清华大学设立，通过"四位一体"的运营体系，即培育服务、天使投资、创业培训、开放平台，成功构建了三大业务线：培育、投资、咨询。这一系列举措共同打造了一个充满活力的创新创业生态系统。截至2025年，启迪控股已培育了超过2万家创业企业，其中365家企业被评为"专精特新"企业，超过2,000家企业被认定为科技型中小企业。

2. 北京大学重庆大数据研究院

北京大学重庆大数据研究院积极探索创新，通过"创新链、产业链、资金链、人才链"四链融合模式，加速推动科技成果的转移转化和产业化发展，已孵化出十多家科技企业。

北太振寰（重庆）科技有限公司是由北京大学重庆大数据研究院培育的代表性企业，致力于国产通用型科学计算软件的研发与应用。公司开发的北太天元科学计算与系统仿真软件自问世以来，先后入选国家重点研发计划专项、工业和信息化部第一批先进适用技术名单，并荣获2023年"科创中国"先导技术榜、CSIAM应用数学落地成果认证、中国先进技术转化大赛等多个奖项，进一步推动了全球科学计算领域的中国标准化进程。

3. 浙江大学控股集团有限公司

浙江大学控股集团有限公司组建了以"早期投资、小额投资、头部企业和硬科技"为原则的概念验证基金,旨在通过科创赋能,将具备产业价值的项目培育成具有投资潜力的优质项目,并以概念验证基金为依托,为其提供资本支持。

杭州迈通医疗科技有限公司(简称"迈通医疗")由浙江大学电气工程学院张孝通博士的科研团队创建,是浙江大学启真创新概念验证中心在生命健康领域的重点孵化项目,且为浙江省科技厅职务成果赋权改革试点项目,也是浙大控股集团首个职务科技成果赋权作价投资项目。

迈通医疗聚焦国家"脑计划"中对脑科学与脑疾病研究的迫切需求,专注于医学影像与人工智能领域的前沿技术研发,响应国家关于"加快发展新质生产力,扎实推进高质量发展"的号召,致力于打造高性能定制化电磁装置。通过持续的创新和研发,迈通医疗已成功研发多款适用于人类、非人灵长类及啮齿类动物的脑功能检测与成像系统,并将其成功应用于国内外近10家科研与临床单位。

自成立以来,迈通医疗积极推动研发团队与国内顶尖高校及知名三甲医院的紧密合作,与河南省人民医院、福建医科大学附属第一医院、中国科学院精密测量科学与技术创新研究院、上海市医疗器械检验研究院、加利福尼亚大学伯克利分校等多家知名医院和科研院所建立了合作关系。通过这些合作,迈通医疗加速了科技成果向临床应用的转化进程,进一步推动了脑科学及脑疾病相关领域的技术创新和发展。

4. 奇绩创坛

奇绩创坛前身为 Y Combinator(YC)中国,是一家专注于早期创业项目的加速平台,由陆奇博士于2018年创立,并于2019年正式更名为"奇绩创坛",并实现了完全独立的转型,拥有独立的资本、团队、实体及操作体系,成为全本土化的创业加速营。奇绩创坛的核心产品为奇绩创业营,截至目前，已完成 9 期创业营，投资加速了 430 多家初创公司，涉及领域广泛，包括人工智能、机器人、游戏、量子计算、生物科技、移动互联网、云计算、商业航天、教育、出海、元宇宙等 38 个前沿技术领域。

（三）国外先进做法

一是服务前移，实施"超前培育"战略。随着量子信息、类脑智能、细胞基因等前沿科技的持续创新与突破，科技创业孵化载体正迅速成形。以生物技术投资公司 Flagship Pioneering 为例，其 Flagship Labs 团队紧密围绕医药健康领域的实际需求，建立了包括假设探索、科学验证、新公司设立与加速培育在内的系统化方法论，成功自主设计并培育了多家硬科技企业。

二是深耕垂直赛道，打造"深度培育"价值共同体。前沿科技创业项目通常具有高研发投入和技术突破性，成为新赛道的引领者。通过聚焦垂直赛道，可以高效整合高校院所、投资机构、硬科技企业及大型企业等创新生态资源，为中小型硬科技企业提供涵盖概念验证、中试研发、产品测试、精益量产到应用推广的全方位深度服务，形成价值共同体，持续支持并赋能初创企业。

三是将人工智能技术融入创业培育中，提升创业效能。随着人工智能的不断进步，硬科技培育机构更加注重将人工智能等新技术融入培育过程，利用数据分析优化流程并提供个性化服务。同时，以人工智能和互联网行业的领军企业为代表，通过整合核心资源与技术，积极构建开放式创新创业生态圈，推动"新基建"培育平台建设，为产业内初创企业的快速发展提供全面赋能。

（四）如何提升硬科技企业培育能力

一是构建硬科技企业培育体系，认定一批专注于特定产业领域、具备强大技术服务能力的优秀硬科技培育机构。鼓励符合条件的机构申报建设，并对通过认定的硬科技培育机构提供资金支持。

二是鼓励硬科技培育机构聚焦特定产业领域开展投资培育。引导硬科技培育机构提升服务能力，推动自建或联合建设早期创业投资基金，壮大"耐心资本"，并将创业投资的"选苗"环节提前至实验室和学术论文阶段。通过跟踪和锁定科学家前沿科学研究进展，将资金对接的关注点从过程转向结果，推动与硬科技企业的深度绑定。

三是完善项目评估与市场转化机制。建立专业技术评估团队，提高对硬科技项目的评判能力。同时，加强市场对接与拓展能力，鼓励龙头企业参与培育，协同开拓市场应用场景，更有效地支持硬科技成果的转化。

（五）区域硬科技基地建设情况

1. 重庆企业硬科技培育基地

2024年4月，由国家工业信息安全发展研究中心支持建设的重庆企业硬科技培育基地正式落户重庆数智产业园，成为全国首个专注于硬科技企业培育的示范基地。该基地以提升成渝地区硬科技企业核心竞争力为根本目标，通过提供产业咨询、订单对接、金融赋能等全方位服务，助力区域硬科技企业快速成长。2024年7月，重庆市经济和信息化委员会公示了

2024年重庆市中小型硬科技企业帮扶库入库企业名单，着重培育本地现代制造业领域的硬科技企业。基地创新性地构建了涵盖科技服务、知识产权保护等环节的全链条一站式服务体系，有力推动了重庆市新质生产力的发展。同时，基地充分整合重庆优质职业教育资源，系统开展高职院校专项培训计划，显著提升了本地学生的就业竞争力。

2．企业硬科技能力培育基地（苏州）

2024年11月，企业硬科技能力培育基地（苏州）在昆山正式设立。该基地重点聚焦新一代信息技术、新材料、新能源、智能制造等硬科技前沿领域，着力打造具有区域特色的硬科技企业培育平台。基地采取双轮驱动的发展策略：一方面重点遴选培育昆山本地优质硬科技企业，另一方面充分发挥苏州精密加工产业的基础优势，精准对接重点行业订单需求，有效增强了本地外向型制造业的发展韧性。基地建立了系统的硬科技企业培育库，全面梳理苏州重点企业的核心竞争优势，完善项目申报与管理机制建设，为本地企业参与重大项目提供了有力支撑。与重庆的基地类似，该基地同样重视产教融合，通过开展高职院校定向培训，持续提升本地人才供给质量。

3．无锡企业硬科技培育服务中心

无锡企业硬科技培育服务中心正式落户惠山经济技术开发区，专注于为本地硬科技企业培育和外部硬科技项目孵化提供全流程服务支撑。该中心重点围绕惠山经济技术开发区在光子制造、高端装备、低空经济等战略性新兴产业的布局需求，深入开展产业研究、项目咨询等专业服务，并为重点项目落地实施提供金融对接和产业赋能支持。

四、检验检测认证服务

检验检测认证服务作为重要的技术支撑服务，是指对产品、系统、流程或服务开展系统性质量评估与合规性验证的专业活动，其主要功能包括：确保评估对象符合相关法规、标准、规范及特定客户要求；有效提升产品质量水平；切实保障公共安全；持续增强消费者信任度。检验检测认证服务通过建立完善的质量保证体系、安全性能验证机制和合规性评估框架，为制造业企业、供应链主体和终端消费者提供专业技术支持。检验检测认证服务通常由专业机构或实验室提供，并严格遵循国际标准和指南进行评估与认证。

检验检测认证服务作为国家重点培育的战略性新兴产业和高技术服务业，扮演着不可或缺的角色，对提升实体经济价值、保障市场经济质量以及提高流通效率具有重要作用，已成为构建质量强国的重要基石。检验检测认证服务不仅是国家质量基础设施的核心组成部分，也是现代服务业和科技服务业的重要分支，在强化质量安全、推动产业发展、保护消费者权益、维护环境和社会公共安全等方面发挥着深远的影响。

（一）发展历程

检验检测认证行业的起源可追溯到约两百年前的欧洲海运业。随着商品贸易的日益繁荣，商品质量检测也随之发展。为了满足供需双方对商品质量验证的共同需求，检验检测认证行业依据相应的技术协议，遵循技术标准和方法对产品进行系统检验和测试。至19世纪中期，检验检测认证行业已逐渐走向成熟，成为保障商品质量的关键环节。

检测机构作为检验检测认证行业的重要主体，其发展水平受历史沿革、工业基础和技术能力等多重因素影响。由于各国在这些方面存在显著差异，导致国内外检测机构在当前发展阶段呈现出不同的特征和格局。

国外检验检测认证行业有着悠久的发展历史，机制较为完善，检测机构整体发展成熟。目前，全球范围内的大型综合性检测机构主要集中在欧洲，其中检验检测认证行业的四大巨头分别是SGS集团、必维国际检验集团、天祥集团以及欧陆科技集团（见表5-2）。前三家机构借助全球检测市场的扩张机会，迅速崛起，主要在全球范围内建立海外分支机构，拓展国际市场，且通过不断的并购、重组和结构调整，稳步推动其业务的全球化发展。

表5-2 检验检测认证行业四巨头信息

公司名称	成立时间	总部位置	简介
SGS集团	1878年	瑞士	全球第三方检验检测认证行业的龙头企业，全球拥有97,000余名员工和2,600余个实验室及分支机构。截至2020年，在中国已建成了78个分支机构和150多间实验室，拥有15,000多名训练有素的专业人员。检测能力全面覆盖石油、天然气、化工、农业、食品、消费品、零售、工业、矿产等领域，具备检验、测试、认证、鉴定四个核心服务。在业务布局方面，通过自建实验室和外延并购的方式，快速实现自身发展，构建全球服务网络，通过并购重组，建立了以下业务线：农产、食品与生命科学、矿物、石油、天然气与化学品、消费与零售、认证业务增强、工业、环境、健康与安全、交通运输、政府与公共机构

续表

公司名称	成立时间	总部位置	简介
必维国际检验集团（Bureau Veritas）	1828年	法国	全球知名的国际检验、认证集团，其业务涵盖质量、健康、安全、环境管理、社会责任评估领域，全球拥有78,000余名员工和1,600余个实验室及分支机构。截至2020年，在中国上海、北京、广州和深圳等50余个主要大中型城市设立了100余个分支机构及实验室，员工超过14,000名。在业务布局方面，形成了船舶与海上设施、农产品与大宗商品、工业、建筑工程与基础设施、认证、消费品等业务模块，服务遍及全球140多个国家和地区
天祥集团（Intertek）	1885年	英国	全球领先的全面质量保障服务机构，全球范围内拥有1,000余家实验室和43,000余名员工，业务覆盖100多个国家。截至2020年，在中国包括上海、广州、北京、天津、杭州、无锡、青岛等在内的40多个城市设立了100多家实验室和办公室，有员工9,000余名，业务主要涵盖健康美容产品、可再生能源、食品与农产品、电子电器、信息技术与电信、零售、医学与药业、化工、纺织、建筑工程、政府和贸易、工业与制造、玩具与轻工产品、矿产品、交通技术、石化、大宗货物等领域，主要提供检验、测试、保障、认证等专业服务
欧陆科技集团（Eurofins Scientific）	1987年	比利时	在食品、制药、环境等检测领域具有国际领先地位，是欧洲检测领域的顶级测试机构之一，全球拥有800多个实验室，45,000余名员工，服务范围覆盖47个国家。业务领域涵盖食品与饲料检测、消费品检测、药品检测、数字化检测、化妆品与个人护理产品、工业服务、感官分析、医疗器械检测、农业科技服务等。在战略发展方面，2014—2017年实现大量并购，2017年并购数量高达60宗，快速扩张使其成为检测行业的后起之秀

这些机构自进入中国市场以来，采取全国性布局策略，通过业务多元化和市场并购等手段，迅速在中国的检验检测认证市场占据了一席之地。

中华人民共和国成立后，我国检验检测认证工作取得长足进步。我国检验检测认证行业起步于20世纪80年代的商品贸易检测，1989年《中华人民共和国进出口商品检验法》的正式颁布，从法律层面确立了检验检测认证作为合格评定程序的重要地位。进入21世纪后，国内检验检测认证行业迎来快速发展期。在我国加入WTO前，检验检测认证市场尚未对外开放。2001年加入WTO后，我国检验检测认证行业逐步开放，2003年率先向民营资本开放，2005年全面向外资开放，由此推动了我国检验检测认证服务业市场竞争格局的形成与发展。

（二）产业结构

1. 产业规模

我国的检验检测认证行业起步晚于国外发达国家，结合国民经济发展阶段，未来国内检验检测认证行业对标欧美的追赶空间较大。目前，国内检验检测认证行业以小微型机构为主，这类机构数量众多，但服务半径较小，普遍存在创新能力不足和品牌竞争力弱等问题。

2015年，我国检验检测认证服务行业的机构数量为31,343家，到了2023年，这一数字已经增长到55,076家。其中，检验检测机构有53,834家，占97.74%（见图5-2）；认证认可机构有1,242家，占2.26%。国家市场监督管理总局2022年发布的《"十四五"认证认可检验检测发展规划》指出，到2025年检测从业人员达到170万人，对外出具报告达到7.9亿份，检验检测认证服务业营业总收入达到5,000亿元。

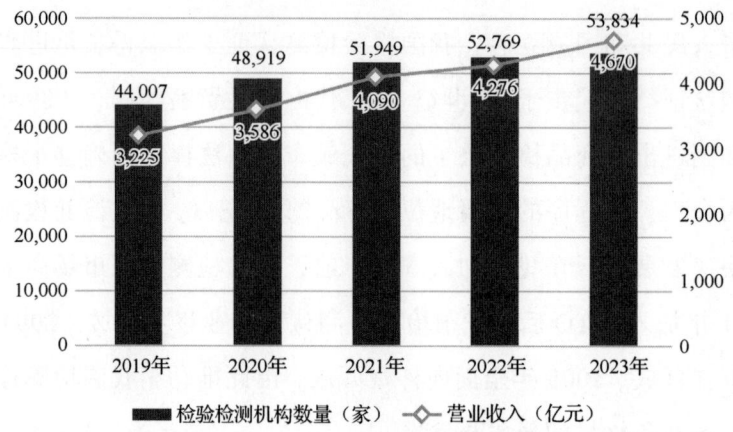

图 5-2　2019—2023 年我国检验检测机构数量及营业收入

（数据来源：国家市场监督管理总局）

2．产业链

检验检测认证服务的上游主要是检测设备行业、检测耗材行业，主要包括测量仪、分析仪等检测设备以及其他耗材。检测设备及检测耗材市场是充分竞争的市场，相应供应商一般参照市场价格进行定价，并根据供应商产品的品牌知名度及产品质量等因素进行一定程度的微调。

检验检测认证服务的中游是检验检测服务企业，可服务于机动车检验、环境监测、建筑工程、建筑材料、食品及食品接触材料、电子电器等领域。

检验检测认证服务的下游涵盖范围广泛。根据国家市场监督管理总局的数据，我国检验检测认证服务已覆盖建筑行业、汽车行业、航空航天业、钢铁行业、电子电气产品行业、日用消费品行业、食品行业、环保行业、卫生疾控等多个领域。下游行业的需求直接决定了服务领域和发展空间。同时，下游行业的不断发展将持续推动对服务的新需求，进而促进行业的进一步发展。2023 年营收排名前三的检验检测认证领域分别为建筑工程（761.94 亿元）、环境监测（456.68 亿元）、建筑材料（398.99 亿元）。

3. 服务机构

近几年，国家连续出台多项政策，推动检验检测认证行业的市场化改革。2021年10月，国家市场监督管理总局发布《关于进一步深化改革促进检验检测行业做优做强的指导意见》，提出了包括推动检验检测机构市场化发展、加强技术支撑、提升质量竞争力以及增强行业公信力等一系列重要任务与措施。此举旨在促进检验检测认证行业在市场化竞争中脱颖而出，并提高整体行业的服务质量与技术水平。2023年2月，国务院发布了《质量强国建设纲要》，在构建高水平质量基础设施的过程中，强调要加强先进质量标准、检验检测方法、高端计量仪器以及检验检测认证设备设施的研制与验证。这一纲要的发布，标志着国家对于检验检测认证行业的技术升级和基础设施建设提出了更高的要求，同时也要求通过完善检验检测认证行业的品牌培育、发展及保护机制，推动形成具有影响力的检验检测认证知名品牌，提升行业在国际市场的竞争力。2024年10月，国家市场监督管理总局发布了《关于深入实施检验检测促进产业优化升级行动的通知》，进一步明确了行业未来的发展方向，提出要推动检验检测认证与互联网、人工智能、大数据等前沿技术的深度融合，加快建设"一站式"数字化服务平台。2024年11月，国家市场监督管理总局发布《质量认证行业公信力建设行动方案（2024—2026年）》，提出培育一批操作规范、技术能力强、服务水平高、规模效益好、具有国际影响力的检验检测认证集团。

随着市场逐步放开，国家允许民营企业和外资企业进入检验检测认证行业，推动了检验检测认证市场规模的快速扩张。2005年，联合国贸易和发展（UNCTAD）与世界贸易组织（WTO）共同提出了国家质量基础设施（NQI）的理念，涵盖了计量、标准、认证认可、检验检测等领域。2006

年，联合国工业发展组织（UNIDO）与国际标准化组织（ISO）正式提出国家质量基础设施的概念，将计量、标准化和合格评定（包括认证、认可、检验检测）作为国家质量基础的三大支柱。这三大支柱构成了一个完整的技术链条，是政府和企业提高生产力、保障生命健康、保护消费者权益、维护环境与安全、提升质量的重要技术手段，并能有效支撑社会福利、国际贸易和可持续发展。至今，国家质量基础设施的概念已被国际社会广泛接受。

检验检测认证服务的经营模式主要是接受客户委托，通过综合运用科学方法和专业检测技术对样品进行检测，出具检测结果，并向客户提供报告或证书。经客户确认后，会按照检测及认证服务收取服务费用。该服务流程包括业务受理、开案、获取样品、实验室检测、出具检测结果以及提供报告或证书等关键环节。

截至 2023 年年底，全国共有 53,015 家获得资质认定及其他法定资格的各类检验检测认证机构，涵盖了多个专业领域。全行业实现营业收入约 4,700 亿元，全年共向社会出具超过 6 亿份检验检测认证报告，拥有各类仪器设备超过 1,027 万台套，仪器设备资产原值达 5,278 亿元。与此同时，事业单位制检验检测认证机构的比重逐渐下降，企业制检验检测机构占比持续上升（见图 5-3）。过去五年，我国事业单位制检验检测认证机构的比重逐年下降，表明市场化改革稳步推进。

从检验检测认证服务的市场主体来看，主要参与者包括产业资本（检测设备制造商、检测技术研发企业等）和公共机构（政府检测事业单位、高等院校检测实验室等），共同构成了检验检测认证服务体系的供给主体。

以华测检测认证集团股份有限公司（CTI）为例，该公司作为中国检验检测认证行业首家上市公司，在第三方检验检测认证服务领域处于领先地位。该公司构建了涵盖测试、检验、认证、计量、审核、培训及技术服务的全链条服务体系，服务网络覆盖全球市场。值得关注的是，该公司还投资设立了国内首家民营第三方检测认证专业研究机构——华测检测集团研究院，彰显了其技术创新实力。

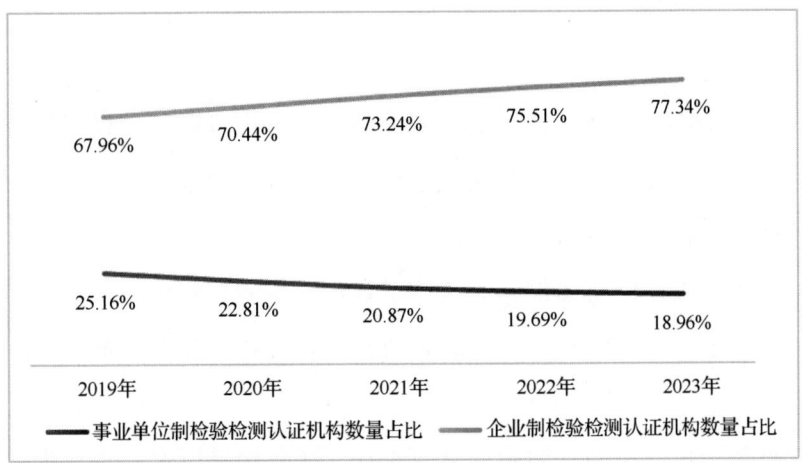

图 5-3　检验检测认证服务行业企事业机构占比

（数据来源：国家市场监督管理总局）

与此同时，北京优量云产业计量技术创新研究院有限公司创新性地采用"政府引导、市场运作、社会协同"的发展模式，依托产业计量技术创新中心平台优势，着力打造"产检学研用资"多主体协同的创新生态，通过建立产业计量服务新机制。

4. 区域格局与分布

截至 2023 年年底，我国检验检测认证机构比重呈现以下特征：华东地区 31.09%、中南地区 24.89%、华北地区 13.34%、西南地区 12.84%、西北地区 9.71%、东北地区 8.13%。其中，华东、中南、华北三大地区合计占比接近 70%，同比下降 0.2%。从区域变化趋势看，华东地区比重同比上升 0.36%，中南和华北地区分别下降 0.26% 和 0.3%；西南和西北地区比重分别上升 0.15% 和 0.12%，东北地区微降 0.05%。整体来看，除华东地区外，西部地区检验检测认证机构数量增长显著。

（三）质量提升机制

一是推动检验检测认证仪器设备向高端化方向发展，积极引导资源与经费倾斜至仪器设备研发，强化数字化与智能化检测技术装备的研发与应用，持续提升检验检测认证水平。

二是加强人才队伍建设，完善质量认证及检验检测认证从业人员职业资格制度，健全能力评价与继续教育机制，持续提升从业人员专业能力和综合素质。

三是创新监管机制，明确职能与责任，优化监管资源配置，强化监管队伍建设，提升检验检测认证市场的规范化水平。

四是推动团体标准的制定，以迅速应对市场与技术变化，填补标准空白，提高产品和服务质量，在应对技术性贸易壁垒方面发挥积极作用。

五是加强国际合作，推动检验检测认证行业的国际化发展，增强国际竞争力与影响力。通过签署国际互认协议，促进合格评定机构与政府间合格评定结果的国际互认。

五、科技金融服务

科技金融以财政科技投入为引导、金融资本投入为主体，通过制度创新、机制创新和工具创新，整合科技、金融、企业及社会资源，覆盖技术研发、成果转化、高新技术产业发展的各个领域。科技金融的核心内涵包括金融产品与服务模式创新、科技金融服务平台建设、科技创新链条与金融资本链条的深度融合，旨在为科技企业从初创到成熟的全生命周期提供多元化融资支持。科技金融服务的核心在于以股权投资为主导，同时实现股贷债保联动的支撑体系。

2023年10月，中央金融工作会议明确指出"金融要为经济社会发展提供高质量服务"，并提出要"做好科技金融、绿色金融、普惠金融、养老金融、数字金融五篇大文章"的战略规划。科技金融作为"五篇大文章"的首要内容，凸显了金融在推动科技自立自强中的重要作用。2024年6月，中国人民银行等七部门联合印发的《关于扎实做好科技金融大文章的工作方案》指出，推动金融机构和金融市场全面提升科技金融服务能力、强度和水平，为各类创新主体的科技创新活动提供全链条全生命周期金融服务。2025年3月，《关于做好金融"五篇大文章"的指导意见》再次强调，推动做好科技金融、绿色金融、普惠金融、养老金融、数字金融"五篇大文章"，加快建设金融强国。在实践层面，我国已在北京、上海、济南等7个地区设立科创金融改革试验区，通过制度创新和模式探索，形成了一批可复制推广的典型经验，为全国科技金融发展提供了重要示范。

（一）产业规模

近年来，我国科技金融呈现快速发展态势，科创金融制度与市场体系持续完善，已构建起覆盖银行信贷、债券市场、股票市场、创业投资、保险及融资担保等领域的全方位、多层次科技金融服务体系，取得显著成效。

股权投资方面，根据中国证券投资基金业协会的数据，截至2024年末，我国存续的创业投资基金达到25,133只，存续规模为3.36万亿元，较2023年增长4.67%。

银行信贷方面，根据中国人民银行发布的《2024年四季度金融机构贷款投向统计报告》，截至 2024 年年末，获得贷款支持的科技型中小企业达 26.25 万家，获贷率（获贷企业户数与名录内企业总户数之比）为 46.9%，较 2023 年同期提升 2.1 个百分点。科技型中小企业本外币贷款余额为 3.27 万亿元，同比增长 21.2%，增速高于各项贷款 14 个百分点。获得贷款支持的高新技术企业达 25.81 万家，获贷率为 55.7%，较 2023 年同期提升 1.9 个百分点。高新技术企业本外币贷款余额为 15.63 万亿元，同比增长 7.5%，增速高于各项贷款 0.3 个百分点。

债券融资方面，根据中国人民银行发布的数据，2024 年全年银行间市场累计发行科创票据超过 6,042 亿元，同比增长 49%。2024 年上海证券交易所共支持 424 家企业发行科创债，规模合计 5,105 亿元，同比增长 68%。

保险担保方面，据不完全统计，我国已有数十种科技保险险种，涵盖科技企业的产品研发、知识产权保护、贷款担保、关键研发人员的健康与意外风险保障等多个领域。

（二）服务机构

科技金融服务体系主要包括供给方、需求方、中介方。供给方主要包括金融机构、科技保险公司、创业风险投资机构、科技类资本市场、符合条件的个人投资者。需求方主要包括高新技术企业、高校及其他科研机构、政府和个人。中介方主要包括律师事务所、会计师事务所，担保机构和信用评级机构等。

（三）政策建议

深入贯彻落实中央金融工作会议精神，聚焦当前科技金融服务的短板弱项和重点需求，丰富金融工具，发展金融市场，健全配套政策，培育支持科技创新的金融生态，全面提升金融服务科技创新能力，助力科技强国建设，实现高水平科技自立自强。

一是完善支持科技创新的政策性金融体系。发挥再贷款等货币政策工具的激励作用，引导更多长期资金支持重点科技创新领域。健全政府投资基金考核评价机制，推动政府产业投资基金设立风险投资专项子基金，更好发挥"投早、投小、投硬科技"的关键作用。完善服务科技型企业的融资担保业务模式，充分利用首台（套）首批次保险补偿机制试点政策，分散和分担创新风险。

二是发挥银行在科技创新中的主力军作用。引导银行业金融机构加快优化信贷结构，扩大科技型企业贷款投放，深化银行服务科技创新能力建设，构建适应科技型企业特点的风控体系和业务流程。实施支持科技创新专项担保计划，推广"科创保"专项担保产品，完善"尽职免责"等内部管理制度，规范发展相关信贷产品，形成"敢贷、愿贷、能贷、会贷"的长效机制。

三是健全资本市场服务科技创新功能。加快优化社会融资结构，提高直接融资比重，推动多元化股权融资的进一步发展。深入实施"千帆百舸"专精特新中小企业上市培育工程，支持更多优质科技型企业发行上市、再融资及并购重组，深化"一月一链"投融资对接活动。畅通"募投管退"全链条，加强种子期、初创期科技型企业金融服务。丰富科创类债券产品，优化注册发行流程，加强债券市场生态建设，扩大科技型企业债券发行规模。

四是为科技型企业跨境融资提供更多便利。推广高新技术企业跨境融资便利化试点政策，提升跨境融资的可得性与便利性。深入实施合格境外有限合伙人（QFLP）境内投资试点，进一步吸引和利用外资。支持科技型企业依法合规到境外上市及并购。

五是优化支持科技创新的金融生态。完善科技创新属性评价标准，加强"政银企"融资对接和科技公共信息共享，发挥"科技产业金融一体化"专项、产融合作平台等作用，促进金融资源与科技创新需求精准对接。深入推进科创金融改革试验区等试点，搭建科技金融创新平台。推动科技要素市场化，培育专业化的技术转移机构和技术经理人，健全知识产权价值评估和交易流转市场体系，为金融支持科技创新提供市场和制度支撑。

六、知识产权服务

知识产权服务是指在技术创新全生命周期中，为创新主体提供系统性支撑和保障的专业服务。作为知识产权服务的专业提供者，知识产权服务机构面向企业和个人开展涵盖专利、商标、版权、商业秘密、集成电路布图设计等各类知识产权的专业服务。根据国家知识产权局等17部门联合印发的《关于加快推动知识产权服务业高质量发展的意见》，知识产权服务已形成包含代理服务、法律服务、运营服务、信息服务和咨询服务等在内的多元化业务体系，并不断涌现新兴业态和服务模式。

随着全球知识经济的深入发展和经济全球化的持续推进，知识产权日益成为国家战略性资源和国际竞争力的核心要素，对建设创新型国家和深化对外开放具有关键支撑作用。在我国建立和实施知识产权制度的历程中，知识产权事业得到了快速发展，社会对知识产权的认知和重视程度逐步增强，企业对知识产权的依赖和需求日益突出，知识产权服务机构应运而生，并蓬勃发展。

政策环境不断优化，服务模式不断深化。《新产业标准化领航工程实施方案（2023—2035年）》《制造业可靠性提升实施意见》《知识产权助力产业创新发展行动方案（2023—2027年）》等一系列政策文件的发布，为知识产权技术基础建设提供系统性支持。同时，知识产权服务机构的服务领域进一步拓展，技术手段、业务范围和服务对象的细分化趋势日益明显。一些机构开始为企业提供"陪伴式"定制服务，数字技术的广泛应用也推动了知识产权服务的创新发展。此外，政府加大力度建设知识产权服务公共中心和平台，促进市场化服务与公共服务的有效衔接，形成协同发展的良性生态。

（一）产业规模

根据《2024年全国知识产权服务业统计调查报告》，2023年我国知识产权服务业规模稳步增长，新业态新模式不断涌现，服务供给结构和行业发展环境持续优化，行业整体呈现"稳中有进、稳中提质"的发展态势，高质量发展的基础不断夯实。截至2023年年底，我国提供知识产权服务的机构数量约为8.9万家，同比增长2.9%。其中，专利代理机构为5,269家，商标代理机构为35,712家。此外，提供知识产权法律、运营、信息、咨询服务的机构分别约为2.2万家、0.9万家、1.6万家和5.8万家。2023年，我国知识产权服务业总营业收入约为2,850亿元，同比增长5.6%。其中，专利代理机构总营业收入约为462.6亿元，单个机构平均营业收入为934.9万元。2023年，我国知识产权服务业从业人员人均创造营业收入（即劳动生产率）为 28.9 万元/人。截至 2023 年年底，我国知识产权服务业从业人员数量约为 98.4 万人，同比增长 1.5%。其中，执业专利代理师为 34,396 人，同比增长 9.7%。调查显示，2023 年，有 41.4%的知识产权服务机构招收了新入职人员，15.8%的机构录用了应届毕业生。新入职人员的年龄主要集中在 25～30 岁。知识产权服务业从业人员学历层次保持较高水平，大学本科及以上学历占比 71.5%。

2023 年，我国知识产权服务供给进一步完善。地理覆盖范围显著增加，我国知识产权服务机构覆盖全部省、自治区和直辖市，在地级行政区划单位的覆盖比例为 89.6%，较 2022 年提升 1.5 个百分点，较 2021 年提升 6.2 个百分点。知识产权服务内容更加全面，提供两种及以上业务的知识产权服务机构占比 64.9%，较 2022 年提高 15.3%，有 13.4%的服务机构提供 3 种以上知识产权服务。知识产权服务模式更趋多元化。大型机构积极构建全链条一体化服务模式，向客户提供综合性知识产权解决方案，中小型机构专注于细分市场，通过特色化、精细化服务增强市场竞争力。

2023 年，知识产权服务数字化与智慧化水平进一步提升，29.3%的机构推进数字化转型，82.4%的机构利用商业数据库或软件提升服务质量。2023 年，开展涉外知识产权服务的机构比例持续提升，有 40.3%的机构为我国市场主体"走出去"提供了知识产权服务，有 32.2%的机构为境外企业进入我国市场提供了知识产权服务。知识产权服务与企业市场经营、创新发展的结合度更加紧密，知识产权服务深度融入企业战略、市场竞争、品牌布局、合规审查、风险管理等方面，有 56.2%的受访机构表示参与了企业市场竞争策略的制定与品牌布局。

2023 年，专利代理机构代理专利申请量占全部国内专利申请量的 90.6%（即专利申请代理率为 90.6%），较 2022 年显著提升 9.1 个百分点，其中发明专利申请代理率达到 94.4%，较 2022 年提升 4.7 个百分点。商标注册申请代理率为 87.7%。320 家商标代理机构代理作为地理标志使用的集体商标、证明商标注册申请 968 件，代理率为 95.8%。596 家知识产权服务机构代理集成电路布图设计申请 7,864 件，代理率为 60.9%。知识产权服务业赋能科技成果向现实生产力转化的作用愈发显著。

截至 2023 年年底，提供专利产业化相关服务的知识产权服务机构比例显著提升，达到 35.8%，较上年提升 5.6%。从需求端看，创新主体对专利产业化相关服务的需求明显提升，在知识产权运营、信息、法律和咨询等服务领域均有体现。从供给端看，服务机构通过提供专利价值评估、专利转化运用供需对接、市场布局与品牌推广等服务，助力企业创新发展。

（二）服务机构

1. 知识产权服务机构基本情况

从区域分布情况来看，截至 2023 年年底，在全国 8.9 万家知识产权服务机构中，位于东部地区的机构占比 64.6%，明显高于其他地区；位于中部地区、西部地区和东北地区的机构分别占比 16.9%、14.7% 和 3.8%。知识产权服务机构主要集中在广东、北京、江苏、山东、浙江、上海六个省（市），这些地区的机构总数约为 4.8 万家，合计占比 54.6%。此外，知识产权服务机构主要聚集在经济较为发达的地区，京津冀地区、长三角地区、粤港澳大湾区和成渝地区的知识产权服务机构合计占比 64.1%。2023 年，我国知识产权服务机构设立范围覆盖全部省、自治区和直辖市，地级行政区划单位的覆盖率为 89.6%，较 2022 年提升 1.5 个百分点。

从业务类型来看，知识产权代理服务和咨询服务在知识产权服务业务中占据主导地位，提供知识产权代理服务和咨询服务的机构均超过六成。

从服务范围来看，参与调查的知识产权服务机构中，主要涉及的知识产权类型为商标和专利，主要提供商标和专利服务的机构分别占比 50.1% 和 48.0%，主要提供版权、商业秘密和地理标志等知识产权服务的机构分别占比 0.9%、0.2% 和 0.8%。

从成立年限来看，在全国 8.9 万家知识产权服务机构中，成立超过 20 年（含 20 年）的机构占比为 6.1%；成立 10～20 年（满 10 年不足 20 年，下面的划分方式相同）的机构占比为 15.3%；成立 5～10 年的机构占比为 31.2%；成立 3～5 年的机构占比为 20.9%；成立不足 3 年的机构占比为 26.4%。

2. 知识产权服务营业收入情况

根据国家知识产权局的数据，2023 年我国知识产权服务业营业收入约为 2,850 亿元，同比增长 5.6%。其中，执行企业财务制度的机构平均营业收入为 319.5 万元；专利代理机构的总营业收入约为 462.6 亿元，单个机构的平均营业收入为 934.9 万元。

典型的知识产权服务机构包括工业和信息化部电子知识产权中心（简称"中心"），该中心隶属于工业和信息化部，是从事知识产权研究、咨询与服务的国家级专业机构。中心始终致力于构建完善的科技创新服务体系，提供的服务涵盖知识产权战略研究与政策咨询、法律政策研究与分析、专利挖掘、专利布局与代理、专利预警分析、知识产权评估、知识产权管理体系建设与标准化实施、代码分析与合规服务等，累计审核 2,000 余件专利申报材料，推荐近 800 件专利案件进入优先审查，服务 159 家产业链链主和龙头骨干企业，大幅缩短专利审查周期。中心支持企业、科研单位、军工单位围绕核心技术产品开展专利布局和申请。近 5 年，中心共支持申请 8,560 多件（普通专利 5,542 件、国防专利 3,019 件），普通专利授权率达到 79%，国防专利授权率达到 90%。中心的专利技术涵盖电子信息、航空航天、新材料、新能源与节能、先进制造与自动化等国家重点支撑技术领域，同时与企业形成联动，积累了较为丰富的科技成果。

（三）知识产权服务存在的问题

1. 知识产权服务体系建设有待完善

在知识产权质押融资等新兴知识产权服务领域，我国仍有较大的发展空间。相比之下，美国在知识产权评估、交易等方面已形成完善的产业链，推动了知识产权质押融资业务的快速增长。而我国知识产权质押融资的总体规模仍然较小。2023年，我国专利商标质押融资额达8,539.9亿元，非金融企业存款增加4.22万亿元，我国专利商标质押融资额占全年境内非金融企业贷款余额的比重为20.23%。

此外，知识产权的实际运用水平较低，产生的实际价值较少。2023年，我国的全球PCT国际专利申请量以69,610件位居全球第一，超过美国。然而，美国在2023年获得的知识产权使用费用为1,440亿美元，远高于我国知识产权使用费用。这表明，我国虽拥有较多的专利申请量，但实际转化并应用于产业发展的专利数量较少，存在大量"沉睡"专利。

在专利池建设方面，我国仍面临显著挑战。当前我国能有效实现专利价值并切实推动产业发展的专利池数量有限，而欧美地区已在多个关键领域建立了具有全球影响力的专利池体系，包括开源软件保护领域的OIN专利池、物联网领域的Sisvel蜂窝物联网专利池、汽车通信领域的Avanci 5G专利池等。相比之下，我国具有较大市场影响力的专利池主要包括AVS系列版本和中彩联等专利池，且大多集中在电子信息产业，难以全面支撑其他战略性新兴产业的创新发展需求。此外，由于缺乏面向中小企业的收益普惠机制和风险分担机制，加之企业出于竞争优势保护的考虑，企业参与专利池建设的积极性普遍不高，这在一定程度上制约了专利池的可持续发展。

2．知识产权服务机构建设有待加强

知识产权服务目前主要集中在传统代理和纠纷诉讼解决等领域。2023年从事知识产权代理服务的机构占比为64.9%，而知识产权价值评估、投融资、预警等新兴服务机构仍处于起步阶段，难以为企业提供全方位的综合服务。

在知识产权交易平台方面，我国知识产权交易信息发布量有限，且透明度较低。全球专利在线竞价交易市场——Ocean Tomo Bid-Ask Market是全球唯一公开的专利交易价格平台。而在我国，知识产权交易市场缺乏足够的同类、同质的价格参考，导致知识产权定价缺乏统一的标准和参照依据。

代理机构的服务质量亟待提升。国家知识产权局发布的《全国知识产权代理行业发展状况（2023年）》显示，执业专利代理师在10人及以内的专利代理机构共4,600家，约占专利代理机构总数的87.3%，成立年限在3年以内的专利代理机构为2,155家，约占专利代理机构总数的40.9%。大多数专利代理机构规模较小，业务较为单一，难以提供对专业技术要求较高的高端知识产权服务，通常局限于专利代理和流程管理等常规代理服务。此外，专利代理机构的经营规范性仍需进一步加强。根据国家知识产权局的要求，2024年4月1日，324家未在规定期限内提交年度报告的专利代理机构将被列入经营异常名录，其中包括一些知名事务所。

3. 知识产权服务人才队伍需继续壮大

知识产权服务人才短缺问题引发广泛关注。知识产权人员通常占科技人员总数的 4%。在 2024 年 6 月的国家知识产权局例行新闻发布会上，当时任职国家知识产权局人事司司长的张志成介绍，截至 2023 年年底，我国知识产权人才规模已从"十三五"末期的 69 万人增长至 86 万人。然而，按照 4%的国际标准测算，当前人才数量仍显不足，特别是高层次人才的缺口仍然较大。

与此同时，知识产权复合型人才的短缺问题也日益突出。知识产权服务对专业性知识的依赖性极强，对从业人员的要求也相对较高。不同领域的知识产权服务需要具备不同类型的专业知识，如法律知识、企业管理知识、技术性知识等复合型知识。然而，能提供一站式高质量知识产权法律服务的复合型人才依然十分稀缺。以专利诉讼代理领域为例，虽然大部分律师具有法律背景，但很少有人具备理工科等相关技术背景，因此难以深入理解和解析相关技术细节。

第六章
重点区域科技服务业赋能新型工业化发展的模式创新

北京市、上海市、重庆市，以及广东省、江苏省的科技服务业通过政策引导、产业集聚、开放合作和创新示范，共同构筑了中国科技服务业发展的"标杆网络"，为研究区域科技服务业的发展提供了丰富的参考价值。

一、北京市科技服务业创新引领模式

（一）发展概况

2024年，北京市科技服务业收入为9,377.5亿元，实现增加值3,715.1亿元，占全市GDP比重7.5%。作为围绕科技创新全链条发展的新兴业态，科技服务业已成为北京市重点发展的高精尖产业之一。随着产业规模的不断壮大，科技服务业逐渐成为"AI+"时代的重要组成部分，为数字经济、能源、医疗、航空航天、金融、交通等领域的智能化与数字化转型，以及经济结构的升级提供了强有力的支撑。

（二）典型做法

北京市依托得天独厚的资源优势和政策优势，以中关村科技园为核心引擎，构建了一个以高校和科研院所的技术成果为源头、以国家级技术转移服务平台为桥梁、以全国领先的风险资本和科技企业孵化体系为催化的科技服务体系，该体系采用市场导向模式。一是北京市汇聚了全国最多的高水平大学和科研院所的技术成果，为科技服务业发展奠定了坚实基础。二是北京市拥有国内最大的技术交易平台——中国技术交易所，成为科技服务业发展的强有力支撑。三是北京市拥有全国领先的风险资本市场和科技企业孵化体系，聚集了大量天使投资机构，且全国 1/3 的创投活动发生在中关村科技园。同时，北京市还吸引了诸如北京启迪创业孵化器有限公司、北京大学国家大学科技园等全国知名的科技孵化器运营公司。

（三）主要成效

北京市科技服务业呈现规模大、贡献高、辐射强的特点，已经成为促进北京市经济提质增效的重要动力之一。利用《北京统计年鉴2024》《北京区域统计年鉴2024》中的数据，从科技服务业总体规模、区域细分、规模以上科技服务业等方面分析北京市科技服务业的发展成效。

1. 科技服务业蓬勃发展，促进创新创业生态系统日益完善

北京市科技服务业呈现良好的发展态势，促进创新创业生态系统的不断完善。科技服务业对北京市生产总值的贡献进一步增强。北京市科技服务业生产总值逐年上升（见表6-1），从2018年的2,578.3亿元上升到2023年的3,630.1亿元。科技服务业生产总值占北京市生产总值的比重从2018年的7.79%上升到2023年的8.30%。科技服务业生产总值占北京市第三产业生产总值的比重从2018年的9.37%上升到2023年的9.78%。

表6-1 北京市2018—2023年生产总值及科技服务业生产总值

年份	北京市生产总值（亿元）	第三产业生产总值（亿元）	科技服务业生产总值（亿元）	科技服务业生产总值占北京市生产总值的比重	科技服务业生产总值占北京市第三产业生产总值的比重
2018	33,106.0	27,508.1	2,578.3	7.79%	9.37%
2019	35,445.1	29,663.4	2,823.3	7.97%	9.52%
2020	35,943.3	30,095.9	2,973.9	7.97%	9.88%
2021	40,269.6	32,889.6	3,198.2	7.94%	9.73%
2022	41,610.9	34,894.3	3,465.0	7.94%	9.93%
2023	43,760.7	37,129.6	3,630.1	8.30%	9.78%

从科技服务业的分布区域看，2023年北京市科技服务业生产总值为3,630.1亿元，排名前五的区域生产总值占比为84.76%，区域聚集效应显著。2023年，海淀区科技服务业生产总值为1,298.60亿元，占比35.77%，排名第一。第二名是朝阳区，科技服务业生产总值为696.91亿元，占比19.20%。第三名是东城区，科技服务业生产总值为388.22亿元，占比10.69%。第四名是丰台区，科技服务业生产总值为319.61亿元，占比8.80%。第五名是西城区，科技服务业生产总值为299.73亿元，占比8.26%。

从科技服务业的构成看，北京已经形成了以专业技术服务为主，以科技推广、应用服务、研究和试验发展为辅的科技服务业发展格局。2023年

北京市规模以上科学技术和服务业企业共 3,745 家。

2. 支持科技服务业发展的政策体系健全

各级政府积极出台扶持政策，致力于营造有利于科技服务业发展的制度和政策环境，弥补相关法律的空白，并为科技服务业的发展提供配套措施。在国家政策的引领下，北京市相继发布了多项政策，旨在指导和支持科技服务业的高质量发展。据不完全统计，自 2010 年以来，北京市已发布 67 项与科技服务业相关的政策文件，涵盖资金支持、人才引进、政策优惠等方面，支持各类科技服务机构的成长。2017 年，《北京市加快科技创新发展新一代信息技术产业的指导意见》发布，科技服务业被列为北京市重点发展的十大高精尖产业之一。同年，《北京市加快科技创新发展科技服务业的指导意见》也相继发布。区级政府也在不断出台政策文件，完善各类配套措施，打破政策壁垒，优化科技服务业发展的政策环境。以科技服务业为抓手，推动产业结构优化升级，进一步推动科技创新驱动经济高质量发展，提升北京市作为国际科技创新中心的影响力、辐射力和带动力。2023 年，《关于北京市推动先进制造业和现代服务业深度融合发展的实施意见》发布，从工作机制、用地保障、人才支撑、金融支持、数据使用等方面完善了支撑体系，为先进制造业和现代服务业的融合发展提供了政策保障。

3. 支撑科技服务业发展的要素供给不断增加，科技创新成果丰硕

随着资金、人才等要素的投入力度不断加大，北京市科技服务业的产业规模逐渐扩大，并取得了显著的科技创新成果。在资金方面，截至 2020 年末，北京市的资金总量已超过 10 万亿元，显示出北京市强大的资金吸引和调动能力，这为北京市科技服务业的发展提供了坚实的物质基础。强大的资金吸引力和调动能力帮助企业在成长发展的各个阶段解决资金难题，为初创型科技企业提供启动资金，为创新活动提供经费支持，使企业能专注于技术创新和产品研发，推动产业的不断迭代升级。统计数据显示，2001—2023 年，北京市研发经费内部支出由 171.17 亿元增长至 2,947.07 亿元。

北京市政府高度重视科技服务业的发展，设立了科技服务业促进专项资金，加大财政支持力度，并鼓励社会资本的参与，形成了多元化的资金支持体系，为科技服务业提供了充足的资金保障。在人力资源方面，北京市一直是高层次人才的汇聚之地。从普通高等学校的分布来看，北京市是全国人力资源最为丰富的地区。根据人口普查数据，2023 年，北京市常住人口中，受教育程度在大学本科及以上的人口占比达 35.7%。作为智力密集型产业，科技服务业与传统的人力资源密集型产业有着根本区别，对高精尖人才的需求尤为迫切。北京市的众多高等院校和科研机构为科技服务业的发展提供了一支专业、高效、稳定的人才队伍。第七次全国人口普查数据显示，截至 2020 年，北京市每 10 万人中拥有大学以上学历的人口数量达到 41,980 人，15 岁以上人口的平均受教育年限为 12.64 年，居全国首位。高素质的人才资源为北京市科技服务业的发展提供了丰富的储备。

资金和人力资源的高度聚集促进了科技服务业的迅猛发展，并带来了丰硕的科技成果产出。北京市在科技成果登记数量、国内专利申请量和授权量方面均居全国前列。2001—2023 年，北京市国内专利授权量由 6,246 件增长至 193,973 件，显示出其在科技创新领域的强大实力。

4. 科技服务业涵盖的行业门类齐全，行业业态日益丰富

北京市科技服务业的发展起步较早，最初以设计和咨询公司为主。随着改革开放的深入，科技服务业的行业形态逐步扩展，行业分类日趋细化，

内部结构也不断完善。进入 21 世纪，伴随"科教兴国"和"人才强国"战略的提出，政府对高新技术产业的重视不断增强，科技服务业的行业类别进一步细化，专业化水平显著提升，产业附加值和行业竞争力也得到了显著增强。

北京市第五次全国经济普查公报数据显示，截至 2023 年年末，北京市共有科技服务业企业法人单位 176,064 家，其中，研究和试验发展单位为 10,311 家，专业技术服务单位为 44,955 家，科技推广和应用服务单位为 120,798 家。这些法人单位涵盖了各类行业，形成了相对完善的科技服务业产业体系。围绕创新活动的全链条，研发、设计、融资等环节逐渐从创新活动中分化，发展成独立的行业。新业态的出现使科技服务业的行业分类更加细化，内涵得到进一步丰富，服务的专业化水平也有了显著提升。

5. 技术市场交易活跃，科技服务业服务半径广、辐射带动力强

从技术市场总体交易情况来看，北京市的技术交易活动非常活跃，市场规模不断扩大。2023 年，北京市认定登记技术合同 106,552 项，同比增长 12.09%；技术合同成交总额达到 8,536.9 亿元，同比增长 7.42%。2001—2023 年，北京市技术合同成交数量呈持续增长趋势。此外，北京市技术合同成交额增速超过了北京市生产总值的增速，进一步证明了技术交易市场的强劲发展。北京市的技术合同成交额在全国占据首位，显示出其在全国技术交易市场中的主导地位，且其示范带动作用明显，对科研成果转化为实际生产力发挥了重要作用。

从技术合同流向来看，北京市流向外部地区的技术合同成交额占比最大，且增长速度最快。与此同时，技术合同的出口额也呈现出增长趋势，彰显了北京市作为首都科技服务业的引领和辐射作用。2014—2023 年，北京市流向外部地区的技术合同成交额从 1,722.0 亿元增长至 4,948.9 亿元。

北京市的科研成果不仅满足本市的需求，还为外部地区，尤其是天津市、河北省等地区的产业升级和产业结构转型提供了重要的技术支持，发挥着显著的辐射带动作用。此外，北京市还不断拓展国际市场，向国外渗透，取得了在国际科技创新中心建设方面的显著成效。

（四）存在问题

1. 科技服务机构的专业素质和整体服务水平有待提高

北京市科技服务机构在支撑产业发展方面的能力仍显不足，主要体现在专业化服务供给与集成化服务需求之间存在较大矛盾。目前，北京市的科技服务机构普遍呈现出"小而零散"的特点，具备竞争力和专业特色的科技服务机构较为稀缺。与此同时，各家科技服务机构之间缺乏有效的协同与信息互通，未能形成强有力的合力，致使无法构建起完整且健全的科技服务链条，难以为需求方提供全流程、全方位的科技服务。

一方面，北京市的科技服务业缺少龙头企业，行业发展带动力不强。北京市的科技服务机构普遍规模不大，发展步伐较慢，这限制了科技服务机构的服务范围和水平，无法充分满足市场上不断增长的需求。在全市范围内，少数机构如中科院创新孵化投资有限责任公司、启迪科技服务有限公司和北京紫光科技服务集团有限公司等，因依托高校背景，在科研、产业资源和品牌影响力方面处于行业前端，并在特定产业领域取得了一些成就。但这些机构因为位于产业链的不同部分，服务范围有限，难以在专业领域提供深入的服务。另外，由于缺乏有效的交流与合作，这些机构难以提供"全方位、一体化"的科技服务。目前，科技服务机构主要由小型机构组成，这些机构由于规模限制，业务多集中在特定专业领域，面临着专业化服务与集成化服务需求之间的矛盾。

目前，北京市的科技服务机构在提供服务时面临一定的专业性挑战。这些机构普遍规模较小，业务范围和服务内容相对局限，且服务的专业度有待提升。同时，基层科技服务机构的员工大多只有本科或以下学历，高学历人才（如硕士、博士）相对匮乏。这种人才结构的不足，导致部分科技服务机构仅能提供科技项目咨询、业务申报等基础性服务，服务的多样性和专业化程度较低，从而在一定程度上制约了行业规模的扩大和经济效益的提升。

2. 科技服务业的市场化机制亟待完善

目前，北京市科技服务机构的运行和管理机制相对滞后，尚未适应市场化发展的趋势。从历史角度来看，科技服务业是在计划经济向市场经济转型的过程中逐步发展起来的，绝大多数科技服务机构脱胎于政府的二级单位，与政府保持着天然的密切联系。当前，市场中规模较大的科技服务机构多数仍依赖政府的支持。

从现实角度来看，北京市第五次全国经济普查公报数据显示，在科学研究和技术服务业企业法人单位中，内资企业占 98.4%，港澳台投资企业占 0.7%，外商投资企业占 0.8%。大部分科技服务机构为私有性质的法人单位，但这些机构的资产总额占内资科技服务法人单位资产总数的比例远低于公有性质的机构。私有性质的机构数量众多，但规模较小、力量分散；公有性质的机构数量较少，但体量庞大，仍然主导着当前的科技服务市场。这些公有性质的机构大多是为了响应政府推动科技服务业发展的需求而设立的，业务上依赖政府职能部门支持。由于运行和管理机制受到政府行政力量的制约，这些机构普遍缺乏市场意识、竞争意识和服务意识，缺少开拓市场和发展业务的积极性与主动性，难以满足科技成果产业化的市场需求。

3. 发展失衡长期存在，各区科技服务业发展水平差距大

北京市各区科技服务业发展水平存在显著差异。长期以来，北京市各区域经济发展不平衡的问题较为突出。2023年，北京市地区生产总值最高的海淀区达到11,020.2亿元，而最低的延庆区仅为224.14亿元。这一经济差距在各个行业的发展水平上有所体现，科技服务业便是一个典型例子。城区的科技服务业发展水平较高，而郊区的科技服务业基础相对薄弱，发展水平远远落后。

以中关村国家自主创新示范区为依托，海淀区已成为北京市科技服务业的主要聚集地，在法人单位数量、资产总数、营业收入、营业利润等各项指标均位居全市第一，体现了明显的科技服务业聚集效应。然而，郊区受地理位置偏远、经济发展水平较低等因素制约，科技服务业基础薄弱，发展相对滞后。

（五）对策建议

1. 加强顶层设计，强化政策支持，健全市场化运营管理机制

首先，相关政府职能部门需提升协作效率，统筹规划和部署。北京市科学技术委员会、北京市发展改革委、北京市税务局等部门应加强沟通协作，逐步完善产业发展规划，明确科技服务业的发展目标、路径和重点领域，并据此制定财政、税收、金融等配套支持政策，营造有利于科技服务业发展的政策环境。针对集成电路、智能装备等前沿产业，以及中关村科学城、自由贸易试验区等重点园区的科技创新机构，可通过召开联席会议、组建专项工作组等方式，建立高效稳定的工作机制，逐步解决实际问题，

并落实相应扶持政策。

其次,构建完善且规范的统计体系是推动科技服务业发展的关键前提。2002年,国家统计局发布的《国民经济行业分类》将科技服务业纳入统计范畴。2015年,国家统计局修订发布《国家科技服务业统计分类(2015)》,进一步明确了科技服务业的统计标准,成为当前界定科技服务业范围的主要依据。然而,这两份文件在科技服务业的统计标准上尚未完全统一。目前官方统计数据仍主要依据《国民经济行业分类》发布,这给科技服务行业的统计调查、规范管理和科学预测带来困难。此外,现有文献对科技服务业的定义和统计标准也存在差异。因此,有必要在更高层面统一科技服务业的定义和统计标准,完善统计调查制度。建议由主管部门或行业协会牵头开展专项统计调查,提供更精准全面的数据支撑,既为行业发展提供指导,又为建立科技服务业数据共享平台奠定基础。

最后,建立现代机构制度,完善普惠性政策支持体系,提升科技服务业市场化水平。首先,应结合科技服务机构的发展需求,深化产权制度、组织架构、管理制度和运营机制改革,明晰产权关系,建立符合市场规律的机构管理制度,增强市场竞争力。其次,构建普惠性政策支持体系,确保政策公平覆盖各类机构。通过市场化机制完善产业调控方式,推动政府管理从行政干预为主向经济法律手段为主转变,持续优化营商环境,健全市场化调控体系,激发企业发展活力。此外,可设立科技服务业专项资金,综合运用财政补贴、政府购买服务、以奖代补、贷款风险补偿等多元化支持方式,为符合条件的科技项目和企业提供资金保障。同时,政府应加强科技基础设施建设,牵头建设区域性创新资源共享平台,培育科技服务新生态。

2. 打造自主科技创新品牌,培养具有国际影响力的科技服务机构

为促进经济增长和产业结构优化升级,需着力提升科技服务机构的专业化运营能力。相关机构应充分整合北京市科技创新资源和金融网络优势，持续强化服务能力、拓展业务范围、提升专业水平。通过深化与科研院所、科技型企业的合作，依托行业协会自律机制，规范业务活动，促进企业间协作与信息共享，实现资源优化配置。同时，应不断完善科技服务网络，推动行业向标准化、专业化、规模化方向发展。

科技服务业作为从传统产业中分化出的现代服务业，具有显著的辐射带动作用，其发展必须与实体经济深度融合，既能促进传统产业转型升级，又可提升科技服务业的专业化水平和业务覆盖能力，从而推动经济发展方式转变，实现高质量增长。具体而言，需精准规划重点领域，着力培育科技服务业领军企业。当前北京市科技服务机构普遍存在"散、弱、小"的特点，缺乏具有行业引领力的知名品牌和企业。因此，应深入分析经济发展态势，结合北京市高精尖产业布局，综合考虑机构资产规模、盈利能力、品牌价值、服务质量和成长性等指标，建立科技服务业重点机构名录，加大培育扶持力度。在实施过程中，要注重区域特色化发展：西城区可重点布局科技金融和设计服务领域，海淀区宜聚焦工程技术和知识产权服务，实现科技服务业的差异化协调发展。

此外，需采取差异化策略，精确施策，为企业提供定制化的"一对一"精准服务。对于被列入重点机构名单的机构，可以借鉴生态环境监管的正面清单管理模式，减少不必要的监管检查，为机构开辟快速通道，简化行政程序。这不仅能提升资源使用效率和服务效率，还能减轻机构运营负担，提高运营效率。对于行业领头机构，应协助解决人才落户、住房申请等问题，强化高端人才集聚效应。对具有成长潜力的初创企业，应重点支持其人才引进和资源整合，加速培育发展。相关管理部门需持续关注重点机构的成长，前瞻性地研判发展需求，不断提升支持措施的实效性，帮助企业克服发展难题，推动机构持续健康发展。

3. 均衡发展，辐射带动，促进京津冀协同创新共同体建设

作为中国的首都和国际科技创新中心，北京市科技服务业的发展对周边地区产生了显著的示范效应，并推动了天津市和河北省的科技服务业发展。依托北京市的技术传播和产业合作优势，天津市和河北省在技术成果转移和产业协同方面展现出强大的发展潜力，推动了区域内科技服务业的快速增长。

首先，要促进北京市各区科技服务业的协调发展，提升行业的综合竞争力。北京市应进一步发挥引领作用，推动京津冀地区协同发展，解决科技服务业发展不平衡的问题，从而提高整体发展水平。依据"一核一主一副、两轴多点一区"的城市布局，明确各区的职能定位和产业优势，加强互补合作，构建多元化产业格局。因此，应建立常态化的企业交流机制，促进各区科技服务机构的互动与合作。通过组织访问、研讨会等活动，深化企业间在关键领域和步骤上的合作，建立战略合作伙伴关系，共同解决发展难题，推动共同进步。

其次，要促进资金、人才等创新要素的有序流动，优化资源配置，营造开放共享的创新环境。北京市的创新资源密度高于天津市和河北省，因此，构建京津冀协同创新体系时，需要探索和完善科技资源的市场化流动机制，推动人才、资金等关键创新要素的流动与交流，形成创新资源共享网络。借助国家级网络管理平台，建立区域合作交流平台，鼓励高校和科研机构参与，推动重大科研设施和设备的共享，提高科研基础设施的使用效率。政府可以通过奖励和补贴等方式增加对共享平台的财政支持，激发各方参与的积极性。同时，鼓励三地高校、科研机构和研究人员开展跨区域、跨组织、跨学科的合作，集中力量推动协同创新，尤其是在关键技术领域取得突破。

最后，应建立统一开放的技术交易市场，促进北京的技术成果在天津

市和河北省的转化。技术交易市场的建立有助于打破技术应用的地域和领域限制，提升技术附加值和经济效益，增强技术的应用和流通效率，成为科技服务产业的重要组成部分。为了建设统一开放的技术交易市场，需要紧跟经济发展趋势，重点发展节能环保、生物医药、新能源、新材料、航空航天等新兴产业，并推进传统产业的升级改造，提升天津市和河北省的产业链配套能力，更好地吸收北京市的技术和产业转移。同时，应完善知识产权保护法律体系，包括著作权法、商标法、专利法等，建立技术转移的政策支持体系，为产业和技术转移提供坚实的保障。

4. 以"两区"建设为契机，扩大科技服务业对外开放

随着对外开放政策的全面深化，科技服务业在引进国际人才、开展合作研发等方面取得显著成效。"两区"的建设为现代服务业注入新活力，为科技服务业带来新发展机遇，进一步拓展其成长空间。在此过程中，全球范围内的科技资源实现自由流动和优化配置，使科技服务业能有效利用全球资源，促进自身快速发展。

一方面，通过制度创新进一步发挥首都引领作用。据不完全统计，作为服务业对外开放的先锋城市，北京市在"两区"建设中已成功实施了42项全国性突破性项目和61项标志性项目，并向全国推广了34项改革创新经验，为其他地区提供了宝贵的借鉴，助力科技服务业扩大开放和提升发展水平。未来，北京市将继续加强制度创新，探索更多可供借鉴、推广和复制的"北京模式"，为科技服务业的发展提供示范性的"北京案例"。在体制机制创新方面，将重点关注知识产权服务、贸易便利化服务、投资服务和人才服务4个关键领域。加快知识产权保护立法进程，设立一批知识产权保护机构，提供"一站式"精准维权服务；完善知识产权金融服务政策，创新金融产品，促进金融与科技深度融合；完善人才评价体系，加大

海外高端人才引进力度，并落实人才激励机制；同时制定改革任务清单，明确时间表，确保改革措施有序推进。

另一方面，加强与国际社会的交流合作，积极融入全球科技创新网络。通过建立政府间的科技合作伙伴关系，与科技强国和创新强国建立紧密的科技联系。通过签署科技合作协议、备忘录等，不断拓宽国际合作网络。在此基础上，培育国际化企业，鼓励有条件的企业"走出去"，通过并购或投资，在国外设立分支机构和研究机构，直接利用国际人才、资金和科研设施等资源，推动研发活动，并实现科技创新的突破。

二、上海市科技服务业国际化发展模式

（一）发展概况

上海市科技服务业发展迅猛，已成为第三产业的引领性行业，在科技创新中心建设方面取得显著成效。根据上海市科学技术委员会发布的《2024年上海科技进步报告》，2024年上海市全社会研发经费支出占全市生产总值比重达4.4%左右，其中基础研究投入占比预计为11%。

截至2024年，上海市拥有64家国家级科技孵化器、60家国家备案众创空间和14家国家级大学科技园。上海市各类创新载体达474家，经营场地总面积超过376万平方米，入孵企业和团队数量已达2.3万家，累计毕业企业5,734家，科技服务业的基础设施建设日趋完善。

上海市正快速崛起为国内外一流科技服务平台的集聚地。上海张江综

合性国家科学中心成为全国首个综合性国家科学中心；同步辐射光源、蛋白质设施、超级计算机等国家重大科技基础设施已建成投用。同时，转化医学设施、超强超短激光装置、活细胞成像平台、软X射线自由电子激光装置等国家重大科技项目正在加快建设。

此外，上海市的科技服务业在区域发展上也取得了显著进展。张江国家自主创新示范区和紫竹国家高新技术产业开发区相继被选为国家科技服务业的区域性试点；多个科技服务业项目，如覆盖城市轨道交通全生命周期的科技服务业试点、面向智能电网用户端电器设备与系统产业集群的科技服务业试点等，已被认定为国家科技服务业的行业试点项目。

上海市的科技服务产业已经初步建立了庞大的规模，并在研发、技术转移、检验检测、创业孵化、科技金融等多个领域打下了坚实的基础，为未来的科技创新与产业升级提供了强有力的支持。

（二）典型做法

上海市依托其独特的优势，构建了全面的科技服务网络。

首先，上海市集聚了国家技术转移东部中心、上海市国际技术进出口促进中心等一批国家级技术服务机构。这些机构提供专业化、市场化的技术转移服务。其中，国家技术转移东部中心已发展成为集技术交易、基础服务、专业服务和资本服务于一体的综合性技术转移生态体系。

其次，上海市积极推动国际科技交流与合作，借助上海市国际技术进出口促进中心等平台，积极开展国际科技交流合作，成为我国科技对外开放的重要窗口。目前，上海市在国际技术转移方面已处于全国领先地位。

再次，上海市大力提升高校和科研机构的技术孵化能力，借助打造全球科技创新中心的契机，进一步增强了上海产业技术研究院等机构的技术孵化功能。

最后，上海市的创新人才引进策略为技术转移服务机构的专业人才提供落户等优惠政策，吸引了大量高层次科技服务人才。

（三）主要成效

1. 研究开发服务

经过多年发展，上海市在研究开发服务领域逐渐形成了以重点实验室为代表的科技研发平台体系、以工程中心为代表的技术创新平台体系、以专业技术服务平台为代表的科研成果研发转化平台体系，呈现出专业化、细分化和外包化的特点。

在重点实验室建设方面，《2024年上海科技进步报告》中的数据显示，上海持续推动3家在沪国家实验室和2家国家实验室上海基地的高质量运行，聚焦前沿科技领域和未来产业的重点方向。上海市还创新性地改革了重点实验室的建设管理模式，优化了评估和淘汰机制，系统化地构建了上海市的实验室体系。

在专业技术服务平台建设方面，截至2025年5月，上海市拥有206家各类专业技术服务平台。这些平台顺应了投资主体多元化、运营机制市场化、管理制度现代化以及产学研紧密结合的发展趋势，通常由实力雄厚的高校和科研院所建设，并以独立法人组织的形式运作。这些平台为社会提供了各类专业技术服务，并已经成为上海科技服务业的核心服务主体。

2. 技术转移服务

为加快建设具有全球影响力的科技创新中心，上海市在2016年积极推动科技成果转化的相关政策。通过有关部门的努力，上海市成功打通了科研成果作价入股过程中涉及的公司注册、股权变更、税收优惠等关键环节，率先在全国实现了科技成果转化股权激励个人所得税递延缴纳的创新举措。2017年，上海市出台了《上海市促进科技成果转化条例》等系列政策文件，为高校院所实施科技成果转化明确了具体路径，并提供了更加有力的政策支持。同年，闵行国家科技成果转移转化示范区获批建设，标志着上海市在培育技术转移核心骨干机构方面取得重要进展。

技术交易市场规模持续扩大。近年来，上海市的技术交易持续增长，且含金量不断提升。2015—2024年，上海市技术合同成交金额逐年递增。自2020年起，技术合同成交金额的增长趋势明显加速，增幅远高于研发经费内部支出。2024年，上海市技术交易合同共计53,864项，合同成交金额达5,200.73亿元，分别比2023年增长6.0%和7.2%，增幅均高于全国平均水平。2024年，上海市的技术开发合同金额为2,274.21亿元，技术转让合同金额为94.70亿元，技术服务合同金额为1,834.50亿元，技术许可合同金额为985.45亿元。

技术转移机构的能力不断提升，市场化服务机构的服务成效显著。自2015年国家技术转移东部中心落户上海市以来，上海已形成一批知名的技术转移机构，包括华东理工大学国家技术转移中心、上海交通大学国家技术转移中心、上海科学院技术转移中心、上海技术交易所、上海高新技术成果转化服务中心等几十家国家技术转移示范机构。2017年，技术转移服务业首次纳入新兴行业分类指导目录，飞天众智、上海法门信息科技有限公司等一批多模式、高层次、高成长性的技术转移服务机构脱颖而出。2024年，国家技术转移东部中心布局了8家国内外合作渠道，促成技术交易签约金额近42亿元，累计布局国内网点44家、国际合作渠道11家，促成各类技术交易签约金额接近400亿元。

为进一步促进科技成果转化，上海市持续实施新一轮科技成果转化行动方案。截至 2024 年年底，高校、科研院所和医疗卫生机构等科研事业单位共认定和登记技术合同 20,157 项，成交金额达 365.93 亿元，比 2023 年增长 100.2%。

3. 知识产权服务

2024 年，上海市共获得专利授权 15.08 万件，其中发明专利授权量为 5.07 万件，同比增长 14.3%；每万人口高价值发明专利拥有量达到 57.9 件，同比增长 15.3%；PCT 专利申请受理量为 6,822 件，同比增长 10.3%。同时，上海市政府推动专利转化应用专项行动，完成了对高校院所和医疗卫生机构存量专利的盘点工作，共盘点专利 6.8 万件，其中 4.3 万余件已进入国家可转化专利资源库，累计转化专利超过 7,600 件。在世界知识产权组织发布的《2024 年全球创新指数报告》中，上海—苏州城市群排名全球第五。

4. 科技金融服务

为建立多层次的科技金融服务体系，培育支持科技创新的长期资本和耐心资本，引导社会资本注重早期、小型、长期投资及硬科技领域，上海市设立了总规模达 1,000 亿元的三大先导产业母基金和未来产业基金。与此同时，出台了《关于进一步发挥资本市场作用促进本市科创企业高质量发展的实施意见》，以进一步培育长期耐心资本。

在金融产品创新方面，上海市成功推出全国首单国家级孵化器 REITs 产品，并已在上海证券交易所上市。截至 2024 年年底，科创板上市企业累计达 93 家，总市值突破 2 万亿元，稳居全国首位。同时，创新推出"沪科专贷"和"沪科专贴"科创专项再贷款和再贴现政策，精准支持小微和民营科技企业。2024 年，上海市累计发放专项资金 502.23 亿元，惠及超过 6,500 家科创企业，其中近九成为高新技术企业。

此外，上海市大力建设科技金融服务平台，作为其科技金融服务的一大特色。上海市科学技术委员会、张江高新区管委会及各区、各部门通过平台建设整合了全市科技和金融资源，提供信息沟通和增值服务，积极解决科技型中小微企业融资难题。目前，已建成上海银税互动信息服务平台、上海市科技金融信息服务平台、张江国家自主创新示范区科技融资服务平台、漕河泾开发区科技型中小企业融资平台等一批重要科技金融服务平台，这些平台成为上海市科技金融服务的重要支撑力量。

（四）存在问题

1. 科技服务规模不大

上海市是长江三角洲世界级城市群的核心城市，是国际经济、金融、贸易、航运、科技创新中心，但科技服务业的产业规模与经济发展水平差距较大。上海市科学技术委员会数据显示，2024 年 1—11 月，上海市科技服务业规模以上企业达 2,465 家，营收达 5,409.59 亿元，同比增长 9.2%，2024 年，上海市科技服务业营收增加值为 3,013.20 亿元，同比增长 8.8%，占上海市全年 GDP 的 5.6%，拉动全市 GDP 增速 0.4 个百分点。总体而言，上海市科技服务业总体产业规模有待提升，对全市经济增长的贡献仍有较大提升空间。2024 年，上海市发明专利授权量与发明专利有效量也少于北京市和深圳市，相比于经济水平，科技服务业需进一步加快发展。

2. 企业需求相对偏小

上海市的企业以大中型企业为主，中小企业数量较少，与全国其他地区，尤其是北京的中小企业主导格局形成鲜明对比。这一结构差异显著影响了上海市对科技服务的需求。大型企业通常具备较强的自主研发能力和丰富的科技资源，能够建立相对独立的创新体系，因此对外部科技服务的依赖程度较低，对科技服务业发展的带动作用不如中小企业明显。根据 2021 年的统计数据，虽然大型企业为上海市贡献了超过 60% 的新产品产值和科技活动经费，但在专利申请数量、有效发明专利数量以及制定国家或行业标准等方面，并未大幅度领先中小企业。特别是在专利转让收入、企业设立科研机构的数量等方面，大型企业的表现反而不如中小企业，这在一定程度上制约了科技服务业的发展空间。同时，大中型企业在推动产品技术创新方面确实具有优势，但在支持中小微企业创新创业，尤其是商业模式创新方面表现不够突出。这也是淘宝、京东、支付宝、微信、小米等互联网创新企业未能在上海兴起的原因之一。

3. 行业规范发展滞后

上海市科技服务业在行业标准化建设方面的发展速度未能跟上行业快速增长的需求。首先，针对科技服务机构的认证标准尚未统一。虽然 2015 年发布的《关于加快建设具有全球影响力的科技创新中心的意见》明确提出应重点支持研发、技术转移、检测认证、创业孵化、知识产权、科技咨询、科技金融等领域的专业和综合科技服务，并培育知名机构和龙头企业，但实际上这些领域的认证标准仍不完善，导致行业准入门槛偏低，机构发展水平参差不齐，市场竞争秩序有待规范。其次，行业内缺少专业人才和统一的服务标准，职业资格认证体系尚未建立，这使得从业人员的专业素养和职业道德缺乏有效监管，进而影响了服务质量的提升。此外，服务标准的不规范导致市场中存在收费不合理、经营行为不规范等现象。

（五）对策建议

1. 建立基础良好的区域科技服务品牌，促进创新资源的加速集中

一是打造具有显著特色的科技服务业集中发展区和展示区。重点围绕张江国家自主创新示范区、闵行国家科技成果转移转化示范区、漕河泾科技服务示范区，以及杨浦、嘉定等基础设施优越的区域进行重点发展。引进和培育一系列在国内外具有显著影响力的科技服务机构，促进技术转移机构向专业化和市场化方向发展。特别是在中国科学院上海分院、上海交通大学、复旦大学、同济大学、华东师范大学、华东理工大学、东华大学等高校和科研院所集聚区，积极吸引国内外顶尖科技服务机构入驻，支持国际知名知识产权服务机构依法开展业务，为企业提供高效、便捷、安全的专业服务。加强知识产权保护力度，提升信息利用和服务水平，逐步构建特色突出的科技服务业集群。鼓励科技服务机构在技术转移过程中提供包括知识产权、技术评估、资产评估、法律咨询、财务策划等在内的全方位专业服务。

二是构建科技成果与资本对接的有效平台。探索建立科技成果权益激励机制平台，以创新载体为渠道，为非上市科技企业提供线上资本对接服务。重点推进以技术券商为特色，涵盖技术评估和技术资产登记的全链条交易平台建设，进一步提升上海知识产权交易中心等专业机构的服务能力。支持高等院校和科研院所开放实验室资源，打造概念验证平台，为实验室阶段的优质成果提供技术验证和商业化开发支持，有效降低资本市场投资风险。推动重点产业领域科技服务应用，特别是在战略性新兴产业和现代制造业的创新需求方面，构建公共科技服务平台。积极开展惠及民生的科技服务，包括农业技术推广、农业产业化、人口健康、生态环境保护、社会治理、公共安全、防灾减灾等重点领域。

三是加快第三方检验检测认证服务发展。支持各类所有制检验检测认证机构平等参与市场竞争，加强计量、检测技术、检测设备研发等基础设施建设。发展覆盖产品设计开发、生产制造、售后服务全生命周期的监测、分析、测试、检验、标准和认证等服务。鼓励符合条件的机构转企改制，推进跨领域、跨行业整合并购，培育一批技术能力强、服务水平高、规模效益好的检验检测认证集团。优化检验检测认证机构布局，加强国家级和市级质检中心、检测实验室建设。构建产业计量测试服务体系，推进国家级和市级产业计量测试中心建设，组建计量科技创新联盟。完善检验检测认证监管体系，规范机构资质认定，加强国际互认，促进技术标准研发应用。

2. 集聚、培育、扶持科技服务从业人员，使上海成为相关人才高地

加强市场化引才机制和专业人才激励机制，进一步加大对科技服务领域专业人才的政策扶持力度。加速闵行紫竹等国际教育园区的建设，深化国际联合办学，支持科技服务机构与研发机构、高等院校及国际知名机构的合作，共同培养高水平科技服务专业人才。通过各类人才计划，重点引进并培养一批具备技术、市场和管理复合能力的高端科技服务人才。依托科技协会和行业协会，开展专业技术培训，不断提升从业人员的专业素质和能力水平。同时，完善科技服务业的人才评价体系，健全职业资格制度，激励高校、科研院所、企业等各类人才在科技服务领域的创业创新。积极推动科技服务人才发展，建立技术转移学院，建设实训基地和常态化的技术转移人才交流平台，培养一批熟悉国内外技术转移规则的复合型技术转移人才队伍。此外，进一步优化城市功能配套，在生态建设、教育文化、医疗卫生、交通设施、人才公寓等方面提升服务能力，完善人才综合服务体系，吸引更多相关人才在上海发展。

3. 加大财政对科技服务业的鼓励扶持力度，建立多元化投资支持模式

创新财政资助模式，积极探索政府购买服务、后补贴等新型财政资助模式，促进公共科技服务发展。鼓励社会资本参与，设立科技服务业专项基金，采取直接投资方式运作，重点支持科技成果转化过程中天使投资前的关键环节，引导社会资本投向成果转化早期阶段。积极推动科技成果转移转化过程中的融资和投资服务，促进技术与资本市场的深度融合，为科研团队和企业提供资金对接、股权激励等金融服务。强化与上海中小微企业政策性融资担保基金管理中心的合作，创新科技金融产品，引导银行等金融机构拓宽科技成果转化融资渠道。研究制定专项支持政策，降低中小企业融资成本，鼓励保险机构开发科技成果转化保险产品，为科技创新提供风险保障。

4. 加强相关规章制度建设和政府管理改革，优化科技服务业发展环境

一是完善制度保障体系，创新体制机制，提升跨部门协作效能。加强市、区两级间的互动合作，构建政府部门协同工作机制，通过定期会商及时协调解决科技服务业发展中的问题。各区应设立区级科技创新服务中心，为科技成果转移转化提供全方位、便捷高效的服务。落实赋予科技成果完成单位更大处置权和收益权的政策措施。将相关投入在经营业绩考核中视同利润；同步推进国有企业股权和分红激励改革；通过政府首购、订购等方式采购创新产品和服务，促进科技成果转化应用。

二是要贯彻落实《上海市促进科技成果转化条例》和《上海市促进科技成果转移转化行动方案（2017—2020）》的相关规定，利用张江国家自主创新示范区、中国（上海）自由贸易试验区、全面创新改革试验区、闵行国家科技成果转移转化示范区的"四区联动"优势，率先推进科技成果改革措施落地，探索高新技术成果转化政策创新，强化对科技型小微企业的

普惠性政策支持。持续完善科技成果转移转化专项政策支持体系。

三是要加强对科技服务业的指标体系、发展方向和任务目标的监督考核，加大对科技成果转化关键任务、重点项目进展和阶段性目标完成情况的监督检查力度，建立年度建设情况书面报告制度。对于可复制、可推广的经验和改革措施，应及时在全市范围内推广，发挥其引领作用，引导社会各界关注并促进科技成果的转移转化。鉴于科技服务业统计工作的复杂性和挑战性，建议首先开放政府数据，由上海市统计局牵头，联合科技、经济信息化、商务等部门和单位，成立科技服务业统计小组，确定统计标准、内容和管理协调工作，建立完善的科技统计体系和发展指数报告制度，并逐年发布报告，以评估发展进程并指导未来的改进方向。

三、广东省科技服务业产业集群支撑模式

（一）发展概况

近年来，广东省高新技术产业蓬勃发展，科技服务业已形成涵盖研发创新、技术转移、检验检测、创业孵化、知识产权运营、科技金融等多领域的完整生态体系。随着服务内涵的不断深化和产业能级的显著提升，支撑体系逐步完善，为区域创新能力提升、战略性新兴产业培育及产业结构优化提供了强劲动力。

数据显示，广东省科技服务业呈现出量质齐升的良好态势。截至2022年年末，全省高新技术企业中通过认定评审的企业约2.5万家，存量超过

6.9万家，同比增长超过12%，总量连续七年居全国首位，相当于江苏和北京两地的总和。截至2024年年底，广东省区域创新综合能力连续8年居全国首位，"深圳—香港—广州"科技集群连续5年居全球创新指数第二位。

在政策支持方面，广东省通过精准发力的财政资金扶持取得显著成效。2022年度，省级财政专项安排了1.35亿元实施贷款贴息计划，重点支持专精特新企业发展。2022—2023年，针对新晋国家级专精特新"小巨人"企业和制造业单项冠军企业，珠三角地区每家给予120万元奖补，粤东西北地区每家给予100万元奖补。仅2022年，省级财政已兑付1.74亿元专项奖补资金。通过多维度政策支持，截至2022年年底，全省已有57家专精特新企业成功登陆资本市场。

（二）典型做法

在组织架构建设方面，成立广东省技术市场协会，推动技术市场规范化发展。广东省技术市场协会（简称"协会"）成立于1997年，是在广东省科学技术厅领导下，经广东省民政厅登记注册的社会团体组织。二十多年来，在广东省科技厅的指导与支持下，协会深入贯彻创新驱动发展战略，致力于科技成果转化机制创新，完善技术转移服务体系，培育技术转移服务业态。协会持续开展技术合同认定登记、科技成果评价、技术转移机构培育和技术市场人才培养等工作，为构建现代技术市场体系、规范交易行为、维护市场秩序作出了重要贡献。

在智力支撑体系构建层面，广东省科学技术发展战略研究院（简称"省科技服务业研究院"）作为广东省四大主体科研机构之一，是全国首家专注于科技服务业的研究院。该院隶属于广东省科学技术厅，属于公益一类事业单位，设有院本部和1个副厅级院属单位（广东省测试分析研究所），以及 5 个正处级直属单位（广东省技术经济研究发展中心、广东省科学技术情报研究所、广东省科技基础条件平台中心、广东省科技合作研究促进中心、广东省科技创新监测研究中心）。目前，省科技服务业研究院在职员工共计 697 人，其中 617 人具有专业技术职称，包括 134 名高级职称人员、189 名中级职称人员，并拥有多名政府特殊津贴专家及一批在国内相关领域和行业具有较大影响力的专家。

在政策保障机制完善方面，2012 年，广东省出台了《关于促进科技服务业发展的若干意见》，规划了未来的发展目标，为广东省科技服务业的快速发展奠定了基本方向，明确了具体任务。广东省计划在重点领域掌握一批具有自主知识产权的关键技术和标准，显著提升自主创新能力；规划建设 50 个特色鲜明、结构合理、配套完善的省级科技服务业集聚区；培育 300 家创新能力较强、服务水平较高、具有一定影响力的科技服务骨干机构，国家认定的技术先进型服务企业达到 200 家以上。通过上述措施，推动科技服务业成为广东省的重要支柱产业。确立"核心技术攻关—产业集聚发展—服务能级提升"三位一体的发展路径，在珠三角地区形成以广深科技创新走廊为核心的科技服务产业带，实现检验检测认证、创业孵化、科技金融等八大业态协同发展。

（三）主要成效

1. 研究开发服务

广东省检验检测认证产业近年来呈现持续快速增长态势。在产业升级和外贸规模双重驱动下，该领域已形成国有检测机构、民营领军企业、跨国集团协同发展的多元化市场主体格局。这种多维度竞争格局有效提升了服务能级，推动广东检测认证服务业产值突破 600 亿元，稳居全国首位。截至 2024 年年底，广东省已建成 3 家国家技术创新中心、3 家国家产业创新中心、7 家国家工程研究中心。

2. 技术转移服务

截至 2024 年年底，广东省已建设 6 家国家制造业创新中心，组建 33 家省级制造业创新中心，累计培育 22 家国家产业技术基础公共服务平台，布局建设 7 家省级中试平台，建设省级以上大学科技园 24 家，实现在孵企业转移转化科技成果总数近 900 项。

3. 检验检测服务

截至 2023 年年底，广东省的检验检测机构数量已达到 4,668 家，居全国首位，占全国总数的 8.67%，并实现了 691.15 亿元的营业收入。到 2024 年 9 月，广东省有效认证证书数量达 72.83 万张，继续位居全国第一，占全国总数的 18.37%。

4. 硬科技培育服务

截至 2024 年 11 月底，广东省累计培育创新型中小企业超过 5 万家，专精特新中小企业超过 2.7 万家，其中专精特新"小巨人"企业达 2,089 家。全省建有科技孵化器 1,064 家。

2024 年，广东省研发经费支出约为 5,100 亿元，研发投入强度约为 3.6%。全省高新技术企业数量约为 7.7 万家，区域创新能力连续 8 年位居全国第一。同年，硬科技企业培育（广东）基地落户广州南沙海洋装备产业园，重点聚焦航空航天、新一代信息技术、海洋产业、智能制造等硬科技领域。该基地通过集聚硬科技企业、科研机构及创新人才，着力培育硬科技领域的新技术、新产品和新业态。

5. 知识产权服务

2023年，广东省专利授权量70.37万件，其中发明专利授权量14.31万件；PCT国际专利申请量2.37万件，商标注册量79.05万件，广东战略性产业集群发明专利授权量8.85万件，均居全国首位。截至2023年年底，广东省高价值发明专利拥有量31.79万件，累计PCT国际专利申请量28.13万件，有效商标注册量843.99万件，均居全国首位。广东在第二十四届中国专利奖评选中共获奖282项，其中金奖8项，获奖总量居全国首位。全省著作权登记总量为32.93万件，其中，一般作品登记5.49万件，计算机软件作品登记27.44万件。

近年来，广东知识产权服务由专利代理、商标代理等低端服务向知识产权信息服务、战略咨询、商用化等高端服务发展。截至2023年年底，全省共拥有专利代理机构及分支机构1,362家，执业专利代理师4,781人；累计重新备案的商标代理机构7,571家。在法律服务方面，累计建成13家国家级知识产权保护中心或快维中心、16家省分中心、10家市县级维权援助机构和217个工作站，全年共受理预审请求4.78万件，受理知识产权保护维权相关案件1.16万件。在信息服务方面，广东省高级人民法院和世界知识产权组织仲裁与调解中心签署《加强知识产权领域替代性争议解决交流与合作协议》；在运营服务方面，开展国家知识产权运营系列试点，搭建珠海横琴国家知识产权运营特色试点平台、广州知识产权交易中心线上运营交易系统等知识产权运营服务平台。

6. 科技金融服务

经过多年发展，广东省已形成创业投资活跃、商业银行信贷支持有力、社会资本多元参与的科技金融服务体系。

在场内交易市场方面，截至2024年10月30日，创业板迎来开市15周年，上市公司数量已达到1,358家，总市值达到12.56万亿元，其中涉及新一代信息技术、新能源、生物、新材料、高端装备制造等领域的公司总市值超过9万亿元，占板块总市值的75%。

在区域性股权交易中心方面，广东省拥有广东股权交易中心和深圳前海股权交易中心两家区域性股权交易平台。截至2025年3月18日，广东股权交易中心展示企业16,357家、挂牌企业5,335家、托管企业338家；前海股权交易中心挂牌与信息展示企业5,376家，融资总额已超过963.48亿元。

在创业投资服务体系方面，截至2022年年底，广东省在中国证券投资基金业协会登记的私募股权和创业投资基金管理人达到3,027家，管理基金数量为1.14万只，总规模为2.44万亿元。

在科技信贷服务体系方面，广东省科技厅与中国银行广东省分行、建设银行广东省分行等多家银行建立了战略合作，积极鼓励银行参与科技创新，设立科技支行并创新科技信贷产品，形成了富有成效的科技信贷体系。2024年，全省金融机构纳入备选清单的技术改造和设备更新及科技创新再贷款项目合计8,421个，已投放贷款133亿元，投放规模居全国前列。创设"粤科融"支小再贷款额度，专项支持辖内科技创新小微企业，已投放再贷款60亿元，惠及科技创新型小微企业超过1,600家。

在推动金融产品创新方面，广东省实施了知识产权质押融资"倍增计划"，专利和商标质押融资金额已达到2,306.71亿元，同比增长137.75%。首个深港跨境"N+1"知识产权证券化项目在深圳落地。广东省全年新发行了20只知识产权证券化产品，总规模超过43亿元。

（四）存在问题

1. 高端人才供给不足

科技服务业作为一个知识密集型产业，对从业人员的素质要求较高，尤其是对高端复合型人才的需求愈加迫切。近年来，广东省科技服务业的从业人员队伍不断壮大，人员结构逐步优化。然而，不容忽视的是，部分从业者在管理、技术咨询、金融运作及企业运营等领域仍存在能力短板，相关知识和经验有待提升。同时，高端研发人才以及具备创新能力、跨领域整合能力、丰富管理实践经验的高素质复合型人才依然短缺。此外，多数科技服务机构在人才培养体系和激励机制建设方面存在不足，导致高端适用型人才短缺，这在一定程度上成为制约广东科技服务业深入发展的瓶颈。

2. 行业规范化建设相对滞后

广东省先后出台了一系列政策文件，旨在引导和规范科技服务业的发展。然而，与行业快速发展的态势相比，科技服务业的规范化建设仍显滞后。具体表现为以下方面。

一是科技服务业制度体系尚不健全。广东省尚未制定专门规范科技服务业发展的法律法规，导致科技服务机构在法律地位、管理体制和运行机制等方面缺乏明确依据。同时，科技服务机构的信用评价体系和行业自律管理机制有待完善，致使广东省在科技服务行业的标准制定上存在较大差异。

二是市场标准体系有待完善。目前，行业准入门槛较低，科技服务机构的认定标准不够清晰，导致各类机构在建设过程中出现"散乱小"的问题，这在一定程度上制约了科技服务业的规范化发展。

三是从业人员资质管理亟待加强。目前广东省尚未建立规范的从业资格考核制度，也缺乏明确的不合格人员退出机制，导致从业人员服务水平和职业操守缺乏有效监管，影响服务质量提升。此外，从业人员素质参差不齐的状况也使得整体服务水平难以保证。

总体来看，广东省科技服务业的发展虽然迅速，但行业的规范化进程仍面临诸多挑战，需要加快制度建设和标准化进程，以推动行业健康可持续发展。

3. 服务模式有待创新

广东省的科技服务机构在计划经济向市场经济转型过程中逐步发展，其中有相当一部分机构存在设立不规范、过于依赖政府等问题。许多机构仍延续传统的服务模式，政务服务比重明显高于市场化科技服务。这类科技服务机构与政府部门联系紧密，呈现出较强的行政依附性和较弱的经营独立性，同时普遍缺乏市场意识、竞争意识和服务意识，未能充分发挥连接科技与经济的桥梁作用。目前，近半数科技服务机构是事业法人单位，其收入主要依赖于财政拨款及政府相关项目。这使得这些机构的业务发展过度依赖政府，且市场化服务拓展不足，难以满足企业日益增长的专业化和多元化服务需求。

（五）对策建议

1. 培育发展科技服务新业态

一是加速科技服务外包的发展。推动外包服务向更为复杂和知识含量较高的核心业务领域拓展，提升外包服务的创新性与附加值。支持信息服务、研发设计等领域企业运用大数据与云计算技术，提供高效数据挖掘服务，满足用户定制化与标准化需求，构建全流程一体化服务模式，提升行业竞争力和服务质量。

二是促进"互联网+新业态"的迅猛发展，充分发挥开源社区、社会实验室、创新工场等互联网创新平台的作用，为创客提供项目孵化服务。支持软件工具的开发，以及数据分析、计算、存储信息平台的建设，推动科技信息资源的整合、共享、开发和高效利用，提升整体技术服务能力。同时，加快发展竞争情报分析、科技查新、文献检索等科技信息服务，为企业研发提供信息支撑。此外，积极探索基于"互联网+"的研发设计资源共享、众包等全新研发设计模式，促进创新链条的协同发展。

三是支持平台化服务的持续发展。加速引进并培育大型科技服务平台机构，整合相关科技服务资源，实现科技服务供需之间的精准匹配与高效对接。支持科技咨询机构、知识服务机构、生产力促进中心等积极运用大数据、云计算、移动互联网等现代信息技术，创新服务模式，聚焦优势领域，开展网络化、集成化的科技咨询与知识服务，提升整体服务水平与效率，推动平台化服务体系的不断完善与发展壮大。

2. 完善科技服务业空间布局

加强顶层设计，推动粤港澳大湾区科技服务业的一体化发展。鼓励广州、深圳等城市建设科技服务业示范城市，深化与香港、澳门科技服务机构的合作，依托高水平的科技创新平台，吸引并集聚科技服务领域的人才，打造粤港澳大湾区科技服务业的关键增长极。推动佛山、东莞等珠三角城市与广州、深圳协同规划科技服务业布局，探索建立省级或国家级科技服务示范机构，创新业态形态，推动科技服务业的创新发展。支持符合条件的珠三角城市加速科技服务业集聚，形成特色鲜明、功能完善的科技服务集聚区，为区域科技服务业的高质量发展提供坚实支撑。

3. 实施科技服务业人才战略

加强高端人才引进，完善相关引进机制，充分利用各类人才引进计划和扶持政策，重点围绕科技服务领域的核心产业，科学、系统地引进国内外顶尖科研领军人才及高层次经营管理人才。将科技服务创新团队引进纳入广东省创新科研团队专项资金支持范畴，重点引进国内顶尖及国际先进水平的科技服务创新团队，以提升广东省科技服务行业的核心竞争力。同时，加强创新创业平台建设，推动人才柔性流动机制的建立，为高层次科技服务人才提供优质的创业环境，助力区域科技创新与经济高质量发展。

四、江苏省科技服务业产学研融合模式

（一）发展概况

近年来，江苏省科技服务业持续保持平稳较快的发展势头，产业规模持续扩大。根据江苏省统计局的数据，截至2023年年末，江苏省共有规模以上高技术制造业企业法人单位8,358个，比2018年年末增长了71.6%；占全省规模以上制造业企业法人单位的12.8%，较2018年提高了2.1个百分点。全省规模以上高技术制造业企业法人单位全年实现营业收入

36,552.9 亿元，比 2018 年增长了 39.7%；占全省规模以上制造业企业法人单位营业收入的 22.7%，较 2018 年提高了 1.8 个百分点。规模以上高技术制造业企业法人单位的研究与试验发展经费支出为 1,079.2 亿元，比 2018 年增长了 114.7%；占规模以上制造业的比重为 33.0%，较 2018 年提高了 7.9 个百分点；研究与试验发展经费与营业收入之比为 3.0%，高于规模以上制造业的平均水平 0.9 个百分点。

截至 2023 年年末，全省规模以上高技术服务业企业法人单位共 7,335 个，占全省规模以上服务业企业法人单位的 27.8%。其中，信息服务企业有 2,661 个，占规模以上高技术服务业企业法人单位的 36.3%；从事专业技术服务业的高技术服务企业有 1,695 个，占规模以上高技术服务业企业法人单位的 23.1%。规模以上高技术服务业企业法人单位全年实现营业收入 11,028.4 亿元，占全省规模以上服务业企业法人单位营业收入的 40.6%。围绕科技创新的重点需求，江苏省重点聚焦研发设计、创业孵化、技术转移、科技金融、知识产权、科技咨询、检验检测认证等八大领域，利用互联网、大数据等新一代信息技术，积极推动科技服务新业态的发展。

截至 2025 年 2 月，江苏省已累计获批牵头建设全国重点实验室 44 家。截至 2023 年年底，江苏省检验检测机构数量已达到 4,090 家，相较 2022 年增加了 214 家，同比增长率为 5.52%。其中，规模以上检验检测机构共有 798 家，同比增长了 6.12%；年收入超过 1 亿元的机构有 58 家，与上一年度持平。江苏省检验检测机构的综合能力跃居全国第二。

在中小企业发展方面，2024 年江苏省新认定省级专精特新中小企业 4,737 家，累计达到 1.4 万家；新创建国家级专精特新"小巨人"企业 711 家，占全国总数的 23.5%，累计达到 2,215 家，均居全国第一。

在融资领域，2024 年江苏省发生了 1,353 起私募股权融资事件，融资金额达 879 亿元，融资事件数量位列全国第一。江苏省还启动了科技成果"先使用后付费"改革，2024 年江苏省技术市场签订了 12.2 万项技术合同，比上年增长了 30.7%；成交额为 5,299.7 亿元，比上年增长了 15%。

（二）典型做法

1. 实施重点工程，创新资源加速集聚

一是打造江苏省产业技术研究院这一具有江苏特色的科技服务业标志性工程。该院以体制机制改革和资源集聚为核心特色，推动科技服务、研发服务及成果转化，成功打通了科技创新与产业化的通道，取得了显著成效，现已成为全国知名的示范标杆。江苏省产业技术研究院已建立 82 家专业研究所，孵化企业超过 1,300 家，并与全省近 400 家行业龙头企业共同建设联合创新中心，形成了独具特色的创新模式，在成果转化与企业孵化方面发挥了重要作用。

二是建设了江苏省技术产权交易市场，并推出了"第四方"线上服务平台。该平台已汇聚线上动态数据超过 1,800 万条，构建了涵盖省、市、县三级的技术市场体系，从供需两端出发，促进技术交易高效开展。

三是建立了江苏省科技资源统筹服务中心，将各类创新资源整合至一个平台。该平台汇集了科技文献资源、农业种质资源、大型仪器社会样本库及科学数据等，并借助大数据技术手段，为企业提供线上线下的综合服务，进一步推动科技创新与产业发展深度融合。

2. 培育市场主体，骨干服务机构不断壮大

江苏省积极创设国家和省级门槛性服务资质，参与制定国际和国内标准，推动关键技术研发、服务模式及商业模式的创新。首个全国高校区域技术转移转化中心已获批建设，同时成功举办了 2024 中国高校科技成果交易会。中国科学院工业人工智能研究院已落户江苏，苏州实验室、紫金山实验室、太湖实验室等战略科技平台正在加快建设。此外，江苏省还大力支持科技服务机构"走出去、引进来"，通过在境外设立研发机构，引进国外高端服务资源，推动科技创新的全球化布局。

3. 提升金融服务实体经济的质量与效益

江苏省率先出台了制造业设备更新贷款贴息政策，已支持 684 个实体经济项目，撬动银行贷款 1,470 亿元，推动了工业领域 33.6 万台套设备的更新。此外，还对符合条件的科技创新企业首贷和小微企业"苏质贷"贷款提供贴息支持，有力促进了企业的发展，提供了强有力的金融保障。

（三）主要成效

载体平台建设成效显著，有力推动了创新创业发展。依托高校、科研院所及市场化运营服务机构，支持新兴产业和新型业态领域开展研发服务、工程研究、中试及成果孵化等科技公共服务平台建设。截至 2023 年年底，江苏省国家级科技孵化器的数量、面积及在孵企业数量连续多年位居全国第一。同时，新增了 8 家国家企业技术中心和 6 家国家技术创新示范企业。全省共拥有 204 个国家和省级重点实验室、214 个省级以上科技公共服务平台、5,426 个工程技术研究中心以及 171 个院士工作站。此外，江苏省还拥有 116 位中国科学院和中国工程院院士，已成为科技服务业发展的重要集聚区和先导区，为创新创业提供了坚实的体系化服务支撑。

（四）存在问题

1. 总体规模仍偏低，地区发展不均衡

工业和信息化部火炬高技术产业开发中心发布的 2023 年度全国技术合同交易数据显示，北京市以 8,536.94 亿元位居全国第一，江苏省以 4,607.35 亿元排名第五。与发达国家及国内先进地区相比，江苏省在科技服务业的发展方面仍存在较大差距，其科技服务业的发展水平与江苏作为经济大省的地位尚不完全匹配。具体而言，江苏省的科技服务业主要集中在苏南地区，南京和苏州两市的从业人员约占全省的近一半，而苏北五市的从业人员总和仅占全省的约 1/7。

2. 机构品牌影响力不足

江苏省科技服务业主体众多，但普遍面临规模较小、服务内容单一、核心竞争力不足、缺乏特色业务等问题。在研发设计、检验检测等领域，江苏省缺乏国内知名、国际一流的大型专业科技服务机构，尤其是缺少具有引领作用的标志性龙头企业。此外，江苏省在全球化竞争中仍缺乏能"走出去"的国际知名品牌，以及具有较强影响力的自主品牌。

3. 新兴领域竞争优势还未形成

江苏省科技服务业在新技术、新业态、新模式的涌现速度和数量上仍显不足。在数字经济、共享经济等新兴服务领域，相较于广东、浙江、上海等地区，江苏仍存在一定差距，缺乏像阿里巴巴、华为、腾讯等行业领军企业的引领作用。在互联网数字服务、大数据应用等方面，江苏尚未形

成较强的竞争优势，特别是互联网、大数据、人工智能等新一代信息技术与传统服务业的融合发展仍显不足。尽管软件和信息技术服务、研发设计等领域有所增长，但企业数字化转型的基础仍较为薄弱。因此，江苏省亟须进一步明确数字经济在经济发展中的引领性、主导性和支柱性作用，并明确其战略定位。

（五）对策建议

1. 大力发展科技服务业多种业态

一是强化研发设计服务。紧密结合市场需求，以苏南自创区和国家级高新区为依托，结合新型研发机构、省技术创新中心、国家技术创新中心、省产业技术研究院等主体，积极鼓励并引导企业研发机构为全社会提供研发设计服务，从而提升技术创新能力。

二是激活创业孵化服务。推动骨干企业、科研院所、高校与创客等各方协同合作，打造产学研用深度融合的高水平、专业化众创空间。重点建设一批创新型众创街区，探索"创新与创业、科技与产业、经济与生态"一体化发展的新模式。开展"苗圃—孵化器—加速器"科技创业孵化链条试点，建设科技产业园区，并探索众创空间、孵化器、加速器与创新型产业集群协同发展的有效机制。

三是夯实技术转移服务。引导符合条件的高校开设技术转移专业学历教育，推动高校、科研院所技术转移机构设立技术经理人事务所，促进技术经理人专业化、职业化发展，提升技术转移效率和质量。

四是优化新服务业态。充分利用新一代互联网技术、人工智能、大数据等信息技术，统筹推进科技金融、知识产权、科技咨询、检验检测认证、科技普及等科技服务业态的发展，为江苏省科技服务业的高质量发展提供有力支持。

2. 加强科技服务品牌培育

支持行业协会、第三方机构和地方政府积极推动科技服务品牌的培育与塑造，树立行业标杆和服务典范，建立具有江苏特色的品牌培育与价值评估机制，推动品牌区域化和国际化发展。引导企业加快自主品牌建设，鼓励服务业企业通过并购、参股等方式整合国际品牌资源，吸引国内外知名商业品牌在江苏集聚，发挥品牌效应。支持研发设计、创业孵化、技术转移、知识产权服务等领域的机构探索"总部＋基地"发展模式，培育一批连锁型、平台型科技服务集团。

3. 打造效应明显的科技服务业集聚区

围绕区域创新创业需求，以省级及以上高新区核心区为载体，培育建设一批竞争力强的科技服务业特色基地。整合服务资源，打造集平台、项目、人才等要素于一体的科技服务综合体，形成贯通产业链的科技服务链条。推动基地资源统筹与开放共享，构建线上线下结合的科技资源共享服务网络，建设多层次、专业化资源共享平台，提升科技资源利用效率。

4. 构建错位发展的科技服务业区域格局

江苏各地应根据自身的资源禀赋，扬长避短，避免同质化竞争，走出具有地方特色的科技服务业发展道路。苏南地区要发挥创新资源集聚、国际合作广泛的优势，重点发展研发服务、技术转移服务及国际化检验检测服务，加大高端创新资源引进力度，提升江苏省产业技术研究院专业所、新型研发机构等平台能级，推动服务质效提升。苏中、苏北地区要聚焦中小企业创新需求，重点发展创业孵化、科技金融及配套检验检测服务，培育龙头科技孵化器，聚集科技金融服务机构和检验检测机构，为企业提供高效精准的服务支撑。

五、重庆市科技服务业西部创新发展模式

（一）发展概况

近年来，重庆市深入贯彻落实党的二十大和二十届三中全会精神，深入学习贯彻习近平总书记视察重庆重要讲话重要指示精神，深入推进制造业高质量发展大会精神，坚持创新驱动发展战略主轴，促进科技创新与产业革新形成深度协同，系统推进"33618"现代制造业集群架构优化升级，加速建设具有全国影响力的先进制造基地。根据工业和信息化部评价数据，2023 年度重庆制造业创新能效评估值达 86.5 分位，较前一年度增长 6.1 个百分点。

（二）典型做法

1. 推进体制机制创新

一是按照市委科技体制机制改革部署，联合制定产业创新综合体建设方案，推动科创能力突出的企业整合产业链上下游资源和科创服务机构，组建产业创新综合体，开展有组织关键技术攻关和科技成果转化应用。首

批培育17个科技型企业主导型产业创新综合体，吸引企业、高等院校、科研院所、协会学会、金融机构等500余家单位参与，汇聚产业链、创新链、资金链、人才链"四链"资源1,000余项。

二是迭代升级"研究院经济"。完善"产业研究院+产业基金+产业园区"科技成果转化路径，推动重庆高新院转化高价值专利752项，汇聚4类产业研究院39个，累计孵化企业633家；明月湖科创基地构建"导师+学生"天使投资模式和"政产学研资用"协同创新生态，打通创新人才培养、专利产品研发、产品向商品转化、初创企业孵化的成果转化闭环路径，孵化恒之未来（重庆）创新科技有限公司等初创企业25家。

三是遴选3家典型企业推进"221"科技成果转化机制探索，推动打通"产业难题→科研课题""科研课题→产品综合解决方案"两个循环，探索科研团队全生命周期激励机制和全投资过程决策机制。

2. 强化创新平台搭建

一是强化企业内部研发平台建设。截至2025年3月，重庆累计培育创建国家级企业技术中心51家、市级企业技术中心1,063家、市级工业和信息化重点实验室113家。建成国家级工业设计中心11个、市级工业设计中心207个。全市有研发机构的规模工业企业占比为24.5%，列西部地区第二位、全国第十位。

二是完善独立法人研发及公共服务平台建设。截至2025年3月，重庆累计培育部市共建制造业创新中心1家、市级制造业创新中心11家；累计创建国家级产业技术基础公共服务平台13个，列西部地区第一位。

三是强化中试服务平台建设。聚焦专利转化关键环节，制定《重庆建设概念验证中心和中试平台行动计划（2025—2027年）》，推动构建"综合型+专业型+企业型"中试平台矩阵体系；出台《重庆市中试平台认定管理办法》，首批培育认定市级中试平台49家。

3. 强化创新主体培育

一是培育领军链主企业。实施领军（链主）企业"鲲鹏"跨越发展行动计划，引导企业加大研发投入、提升品牌质量，首批遴选领军企业培育对象 40 家、链主企业培育对象 60 家。

二是强化创新企业培育。制定重庆市高新技术企业和科技型企业"双倍增"行动计划，加快构建全周期梯次培育体系，高新技术企业、科技型企业、专精特新"小巨人"企业、国家制造业单项冠军分别增至 8,837 家、69,820 家、310 家、16 家。

三是强化中小型硬科技企业培育。制定中小型硬科技企业更快更高质量发展工作方案，组建中小型硬科技企业帮扶库，培育独角兽企业 7 家、瞪羚企业 147 家、中小型硬科技企业 76 家。全市规模工业研发投入强度为 1.82%，列西部地区第一位、全国第六位。

4. 聚焦"三新"加大创新供给

一是加强新技术研发应用。推动 8 家链主企业承担 30 项国家重点产业链"补短锻长"攻关任务，推动 3 个工业软件研发项目入选国家重点专项，实施近 50 项产业关键技术"揭榜挂帅"，支持企业突破"卡脖子"技术瓶颈 66 项，其中超高精度直线及圆时栅开辟全球先河，硅光集成 PDK、微晶纳米电子玻璃、EVOH 光学薄膜等技术填补国内空白。

二是加快新产品开发推广。累计征集"机器人+""工业母机+"、空天信息等各类产业技术应用场景 120 余个，累计培育首台（套）重大技术装备 160 个、首版次软件 187 个，重大产业技术创新产品 164 个，带动相关产业销售收入超过千亿元。全市规模以上工业新产品销售收入占比提升至 27.6%，列西部地区第一位、全国第九位。

三是加大新业态新模式推广力度。建成五金、服装等5个细分行业产业大脑，形成未来工厂2.0建设指南，以183个智能工厂为基础，推动建设20个未来工厂。大力发展服务型制造，实施平台化设计、智能化生产等新模式项目682个，规模以上工业企业关键工序数控化率达63.9%，数字化研发设计工具普及率达86.1%，两项指标均居西部地区首位。

5. 强化创新要素支撑

一是加大技术要素支撑。截至2025年3月，"码上科服"平台上线运行，整合科创资源2,793项，达成合作意向185个；联合面向全市高校院所征集开放许可专利近1,000件，精准匹配3,000余家中小微企业，专利开放许可1,831次，数量居全国第二位。

二是加强人才服务保障。截至2025年3月，通过企业新型学徒制等培训项目培养企业职工3.7万人次，完成职业技能等级认定2万人次；举办"巴渝工匠"杯工业信息化领域技能大赛15场，设置62个职业工种赛项，选拔高技能人才1,680余名。

三是创新金融服务模式。制定实施"科技产业金融一体化"工作方案，推动产业基金支持产业链发展，创新开发科创金融产品。开展知识产权质押融资业务，累计融资金额超过40亿元，成功发行全市首单知识产权证券化产品。

（三）主要成效

2024年，重庆市科技服务业规模以上企业营业收入同比增长15.4%。全市技术合同登记成交额974.24亿元，同比增长12.62%，累计为1.4万家（次）科技型企业发放知识价值信用贷款239亿元。重点打造西部（重庆）

科学城、两江协同创新区、广阳湾智创生态城三大科技创新核心承载区，着力打造科技服务业集聚区。以金凤科创园为载体，聚焦工业软件、集成电路、智能制造等重点产业，引育专业性科技服务机构。以明月湖国际智能产业科创基地为载体，聚焦智能制造、电子信息、新材料等重点产业，建设协同创新馆等科技服务平台。以迎龙科创园为核心载体，聚焦智能终端、节能环保、汽车电子等重点产业，大力发展成果转化、检验检测、企业孵化等科技服务业。深化科技成果转化改革，研究制定《构建科技成果从"实验室"到"大市场"衔接机制改革方案》。加快建设国家科技成果转移转化示范区，推动建设国家技术转移成渝中心，建设重庆市技术转移研究院。优化政策环境，深入实施高新技术企业和科技型企业"双倍增"行动计划，制定《重庆市加快推动高校科技成果转化与产业化若干措施》系列文件，形成"纵向贯通、横向衔接、赛马比拼、多方联动、数字赋能"的工作推进机制。

（四）存在问题

一是关键核心技术自主创新能力不足。汽车电子芯片、工业软件等领域尚处产业化初期发展阶段，智能终端产品仍以代工生产模式为主导，高性能纤维复合材料等战略材料尚未实现规模化生产，智能装备核心功能部件与控制系统技术成熟度有待提升。

二是产业技术创新支撑不足。截至2024年年底，全市97%的研发投入集中在试验发展环节，75%由大中型企业完成。制造业领域仅有1家国家地方共建制造业创新中心，尚未建成国家级技术创新中心和产业创新中心。

三是市场主体研发投入强度仍需强化。规模以上工业企业研发经费增幅持续下降（2021年为13.9%、2022年为12.9%、2023年为4.3%），近三年周期内仅有不足三成的企业制订技术改造计划。

四是科技成果转化不足。全市2024年度专利授权总量达5.48万项，但实现产业落地的比例仅为22.2%，产品试制中试平台在创新载体中的结构占比低于20%，尤其在智能网联新能源汽车领域尚未构建完整的中试服务体系，动力电池集成、智能底盘开发等关键环节中试能力不足。

五是创新要素供给不足。2023年，全市创投市场融资数量177笔，不及成都（399笔）、广州（393笔）、合肥（364笔）的一半，近10年来，全市高技能人才求人倍率维持在2以上，科技服务产业规模占全国总量的2.1%，显著落后于广东（15.5%）、北京（12.4%）、四川（4.6%）等地区。

（五）对策建议

1. 提高效率，促进成果的转化

一是发挥重庆高新院示范引领作用，构建"产业生成类+成果转化类+技术创新类+专业服务类"研究院经济矩阵体系，加强市级中试平台培育。

二是推广明月湖创新模式，设立明月湖科创园市级平台，加快建设共享工厂等创新服务平台，深化科技成果转化"221"机制探索。

三是持续开发新产品，引导企业建立"储备、在研、上市"的"三个一批"新产品开发梯次格局，完善首台（套）首批次首版次应用政策，促进科技成果产业化。

2. 聚焦主体培育

一是梯度培育市场主体，优化领军链主、专精特新、单项冠军、独角兽、硬科技等企业协同发展机制，加强孵化硬科技企业和国家级专精特新"小巨人"企业。

二是加强创新平台建设，提升制造业创新中心、工业和信息化重点实验室、企业技术中心等研发机构能级，争取国家级制造业创新中心、国家重点研发计划、国家先导区、大模型公共服务平台等项目落地，加快建设市级未来产业先导区。

三是开展规模以上工业企业研发能力提升行动计划，引导企业聚焦主业、精耕细作，形成更多"独门绝技"，提升规模以上工业企业研发投入强度。

3. 聚焦产学研融，通抓综合体建设

一是实施关键技术攻关"揭榜挂帅"机制，强化攻关任务落实与企业需求对接；探索构建成果转化产业创新综合体，着力打通"行业难题—科研课题"与"科研成果—产品化解决方案"的双向通道，健全科研团队长期激励和"产业化基金"两项机制。

二是支持企业参与教育部高等研究院筹建工作，围绕主导产业做好"企业出题"开局文章，担好"政府立题"关键角色，助推"高校答题"答到点子，协助"市场判题"判出水平。

三是推进产教融合，聚力打造卓越工程师实践基地和协同创新中心，培养一批产业急需的工程技术人才，形成校企联合育才、联合创新发展模式。

第七章
科技服务业发展的问题与挑战

一、科技服务业顶层设计挑战

（一）政策重点与新型工业化任务匹配不足

科技服务政策体系的协同性较弱，产业需求的关联度不足。美国《芯片和科学法案》、欧盟《新欧洲创新议程》、德国《未来研究与创新战略》、印度《国家深科技创业政策草案》等国外政策文件，均为人工智能、量子科学等新兴产业领域的创新发展提供了有力的科技服务政策支持。而我国中央层面的科技服务政策主要以科技部出台的文件为主，虽然各级政府发布了上万件政策文件，但这些政策大多聚焦于指导建设科技创新平台、科技孵化器、检验检测机构等，尚未涵盖科技金融、科技咨询、科技成果产业化等服务科技创新和成果转化的全链条体系，整体协同效应不足，未能充分满足产业需求。

（二）统计口径不统一，统计标准体系不完善

在各部门发布的文件中，科技服务业的定义和内涵尚不明确，统计口径存在不统一的情况。各部门对科技服务业的分类体系缺乏统一的标准，分级分类衔接不够规范。除了专业化服务和科技信息服务，关于科技服务其他方面的国家标准和行业标准相对较少，现行标准主要集中在专业技术服务和科技信息服务等领域。在科技服务参考架构、科技服务细化分类、通用基础术语和定义等领域，仍存在标准空白，尚未形成完整的科技服务标准体系。

部分细分业态的统计口径由行业主管部门自行制定。2023 年国家知识产权局的数据显示，知识产权服务业的总营业收入约为 2,850 亿元，国家市场监督管理总局数据显示，2023 年检验检测机构的营业收入为 4,670 亿元。然而，在科技金融、技术转移、研究开发等领域的统计口径尚未统一。在服务链条不断延伸的背景下，统计分类的边界不清晰，可能导致纵向业态领域的数据缺失，从而引发科技创新资源的重复投入和比例失衡，难以实现创新要素的优化配置和有效供给。此外，科技服务业的产业规模、科技服务机构的营业收入等关键数据长期缺失，科技服务业的数据核算严重不足，难以准确评估科技服务业对制造业的创新支撑作用。

（三）区域发展不均衡，协同创新与数字化转型不足

我国科技服务业区域发展呈现"东高西低"的趋势。《中国统计年鉴2024》显示，东部地区的法人主体数量为 1,493,136 家，占全国总数的

61.22%，主要集中在北京、江苏、浙江和广东，占全国总数的 39.61%。而四川、重庆、贵州、云南、西藏、陕西、甘肃、青海等西部八省的法人主体仅占全国总数的 10.67%。西部地区的科技服务业仍以房租补贴等形式为主要服务手段，业态发展较为单薄，无法有效支撑西部地区以科技创新成果为驱动的产业转型。此外，科技服务区域之间的信息交互机制不完善，科技服务各环节之间的信息交流较少，缺乏有效的信息化手段促进科技成果与产业需求对接。

（四）人才供给缺口与需求不匹配

我国在科技服务业领域拥有庞大的人才基数，但在一些重点领域，高端人才和复合型人才的储备仍显不足。2023 年年末，全国共有科学研究和技术服务业法人单位 211.8 万个，从业人员达到 1,700.3 万人。而美国的专业、科技服务业从业人员在 2024 年约为 1,086 万人。最新的 Nature 指数 2024 研究领导者排名显示，中国的学术机构在国际上占据了越来越重要的位置。根据 Nature 数据库追踪的自然科学和健康科学期刊的贡献排名，前十名学术机构中有七家来自中国。而在 2015 年 Nature 首次发布该排名时，只有一家中国学术机构进入前十。尽管高端人才的供给有所增加，但在人工智能、量子计算、生物医药等重点领域，仍然存在结构性短板。科技创新的高端需求持续增长，但从事科技服务的顶尖人才仍然较为稀缺，且自主本土人才供给不足，这使得科技服务在推动数字经济转型方面的潜力尚未得到充分发挥。

二、技术市场发展的结构性问题

（一）技术市场供需不匹配

技术市场的供需不匹配是当前发展面临的核心问题之一。一方面，尽管中小企业和创新团队在技术研发方面表现出较高的活跃度，但由于资金、资源和市场认知度等方面的制约，大量创新成果往往难以实现有效转化。另一方面，许多大型企业和传统行业对新技术的需求日益迫切，但由于自身技术吸收能力、风险承受能力等因素的限制，这些企业难以精准识别并获取真正符合需求的高质量技术解决方案。这种供需错配不仅导致创新资源的浪费，也严重阻碍了技术成果的转化和应用。

（二）技术市场法规监管不完善

目前，技术市场的法律法规尚未形成系统化的体系，存在制度建设碎片化的问题，难以为知识产权、技术方案等知识密集型产品交易提供全流程保护。同时，技术市场的监管机制尚未完全建立，缺乏明确的监管主体、监管方式和监管程序。这导致市场参与主体在交易过程中，利益难以依法依规得到保障，交易中所产生的信任风险、专利蟑螂现象、信息不对称等风险无法得到有效规避，从而不利于技术市场的良性发展及高端咨询服务业态的繁荣。

（三）技术市场统计数据维度不足

与其他类型的要素市场相比，技术市场在统计研究方面存在不足，这导致对技术交易风险的评估与控制能力有限，从而影响了衍生服务的发展。与国际成熟市场相比，我国在科技成果、知识产权等无形资产计量评估领域缺乏标准化工具和方法体系，严重制约了知识产权质押融资等金融创新业务发展。

（四）技术市场信息流通和国际化水平有待提升

目前，中国技术市场和技术转移机构主要集中在东部经济较为发达的地区，如北京、上海、广东、江苏等地。这些区域由于拥有众多高等教育机构和科研院所，研发实力较为雄厚，技术交易活动相对频繁。与此相比，中西部及东北地区的交易机构数量较少，且缺乏有效的区域性和行业性技术交易信息交流机制。此外，我国技术市场的国际化水平仍有待提升，尚未形成国内外市场互动的良性格局，国际技术交易的规模相对较小。

三、科技中介组织发展的能力障碍

（一）基础设施投入不足制约发展

国家级科技孵化器作为科技中介组织"国家队"，在重点产业概念验证中心、小试、中试、创新中心等基础试验服务设施的投资不足，服务能力和水平难以支撑新型工业化建设。科技部公开数据显示，2021年，平均每个国家级孵化器技术服务平台投资金额为313.4万元/年，平均面积收入仅为515.4元/（平方米·年）。

（二）服务质量与高端服务能力缺乏

科技服务机构专业服务能力不足，缺乏类似国外史太白等品牌化、国际化的知名机构。国内科技服务业龙头企业少，整体水平不高、同质化现象较为严重，服务附加值较低。2023年我国检验检测机构数量为53,834家，年平均营业收入仅为867.5万元/家。国外科技培育机构集技术转移、交易、咨询、评估等服务于一体，如硅谷硬科技培育机构Y Combinator培育了Airbnb、DoorDash等明星企业，累计培育企业市值超过100亿美元。相较而言，国内头部培育机构面向高端客户项目的全周期服务能力仍有较大差距。

（三）高素质从业人员匮乏

科技服务领域人才短缺问题突出，高端复合型人才尤为匮乏。此类人才需兼备科技专业知识及经济、管理、法律、沟通等多领域素养。然而，我国科技服务机构市场化水平不高，对优秀人才吸引力不足，导致精通技术、市场和管理的复合型人才严重不足。此外，我国在技术经理人方面的教育培训、评价及激励机制方面尚不完善，高素质技术经理人供不应求。从业人员素质问题已日益成为制约我国科技中介服务行业发展的瓶颈。

（四）国际化水平有待提升

我国科技中介组织历史积淀较短、经验积累不足，主要业务领域是国内市场。在经济全球化的大背景下，我国科技中介组织参与国际市场竞争的成功案例较少，对国际市场的规则、客户需求、竞争格局、行业趋势、协作网络等方面的知识研究较为缺乏。

第八章
科技服务业高质量发展的战略路径

一、科技服务业创新发展战略

（一）强化政策引导，构建多层次支持体系

结合新型工业化发展的要求，政策导向应从单纯依赖科技成果转化，转向推动科技成果的资本化与产业化。围绕关键技术领域、人工智能、量子信息等前沿产业，应研究并制定促进科技服务业高质量发展的政策文件及相关法律法规。重点修订《科技企业孵化器管理办法》《技术合同认定登记管理办法》等科技服务业的配套文件，并设立以产业化服务为核心的奖补措施，通过绩效考核激励相关政策的落实。通过创新生态建设、知识产权服务、成果产业化和金融支持等多方面的协同，推动科技创新、产业升级与政策保障的深度融合，壮大科技服务市场，实现产业规模的持续扩大和强化。

（二）加强标准化建设，提升行业服务规范

通过官方政策和国家级标准，清晰界定科技服务业的概念及其涵盖的领域，并明确科技服务业与生产性服务业、制造服务业、信息服务业等相邻行业的界限。紧密结合产业化需求，提出科技服务业标准化发展的具体措施。建立以创新能力为核心的科技服务标准体系，从创新、服务、信息等多个维度，制定与产业发展需求相匹配的标准和规范。此外，应着手组建科技服务业行业标准化委员会及其工作小组，负责与国际标准化组织创新管理标准化技术委员会（ISO/TC 279）等进行交流与合作，提升我国在国际上的影响力和竞争力。

（三）构建产业链科技服务生态，推动垂直化发展

紧扣国家战略性新兴产业发展和地方重要产业链规划，深入剖析关键行业和核心技术，针对重点产业提升科技服务的能级和水平，确保科技服务在增强创新资源链、完善产业链、拓展产业链等方面发挥重要作用。通过"揭榜挂帅"、定向委托等手段，精准识别产业技术需求，推动产业基础技术公共服务平台建设，开放高品质研发平台，实现研发资源的共享与互通，激励孵化企业与产业链主导企业共同攻克技术难题，推动产业融合发展。此外，应着手建立针对特定产业的垂直科技服务行业协会，汇聚科技服务资源，畅通科研机构、科技中介和企业之间的科技成果产业化流程，打造协同高效发展的科技服务行业生态圈。

（四）加强技术转移服务能力，发展信息化、智能化业态

倡导技术转移机构革新服务模式，致力于提供跨领域、跨区域、全流程的综合性技术转移服务。鼓励高校、科研院所、新型研发机构及企业针对细分产业领域，共同打造一批专业化、精细化的技术转移机构。推动技术转移机构积极探索基于互联网平台的线上技术交易新模式，借助大数据、人工智能等先进信息技术，提升成果评估、供需对接、技术交易等环节的智能化服务水平。同时，在检验检测、知识产权保护、成果转化等重点领域，进一步强化科技服务信息平台建设，倡导高校和科研院所共享科技服务资源，共同构建数字化科技服务基础平台，推动科技服务向数字化转型，从而提升整体运营效率和服务质量。

（五）整合高校和产业资源，建立人才培养新机制

依托高校、研究机构、专业培训机构等资源，建立科技服务人才培训基地，支持与大学科技园、产业园区等紧密合作的科技中介机构发展。充分发挥高校的资源优势和经验，打造并不断优化面向科技服务人员的专业课程和培训方案，涵盖知识产权管理、技术评估、项目孵化、投融资等多方面内容，提供全方位的教育服务。培养一支具备技术、管理、法律、金融等多领域知识的复合型人才队伍。优化科技服务行业的人才评价机制，健全技术经纪人等职业资格认证制度，激励科技服务人员积极投身科技创新服务工作。同时，鼓励退休技术专家参与科技服务，进一步扩大科技服

务人才的队伍规模。

二、技术市场优化升级策略

（一）加强监管制度建设，完善管理体系

提升技术市场法律法规的顶层设计及其配套的具体实施规则，规范技术市场的交易活动，确保市场参与者的权益得到保护，减少技术市场交易的不确定性。针对技术交易要素中存在的问题和不足，激励各地区依据《关于技术市场发展的若干意见》和《"十四五"技术要素市场专项规划》快速出台和调整相关的地方性政策。全面运用各地的技术交易服务平台，提升技术市场交易数据的统计体系，改进技术市场交易补贴政策，并创新交易模式，以促进技术市场的健康发展与有序运行。

（二）创新交易机制，推动技术与资本市场协同

研究并制定知识产权和科技成果评估评价的规范机制，构建涵盖技术开发、技术转移、创业孵化、知识产权、科技咨询、科技金融、检验检测认证以及综合科技服务等全链条的服务体系。加强对技术市场的监管，弥补现有评估机制和定价机制中的不足。通过奖补政策、首台套保险等创新手段，鼓励金融机构持续创新，推出符合科技创新企业特点的知识产权质

押贷款、科技成果作价入股等业务，提升企业的技术附加值，促进技术市场与资本市场等要素市场之间的良性互动。

（三）打造全国统一技术市场，提升要素流通效率

构建覆盖全国的技术交易市场，规范技术交易平台的建设，提升市场要素流动效率，打造全国性的技术交易数据中心。利用大数据、人工智能等先进技术手段，提供精准的资源匹配和供需对接服务，畅通技术供需对接渠道，减轻企业创新负担，促进技术交易的高效运作。支持发展包括知识产权在内的各类要素服务市场，创新知识产权服务模式，持续改进咨询、检索、数据加工等基础服务，推动知识产权评估、交易、转化、托管、投融资、法律援助等增值服务的提升，加速构建一个全面、高效、可持续的技术市场服务体系。

（四）提升国际化水平，促进技术要素双向流动

以京津冀、长三角、粤港澳大湾区和成渝地区为重点，支持国家级国际科技合作基地的发展，建设全球技术交易枢纽。推动技术市场参与者与海外市场建立紧密联系，深化与国际技术转移、知识产权、市场咨询等服务机构的合作，促进国内技术市场要素向国际市场输出。引导海外高科技初创企业来华发展，扩大技术出口规模，提升创新主体的技术实力和中介机构的服务水平，吸引海外优秀科技成果、顶尖人才和创新资本进入中国，推动技术要素的国内外双向流动。

三、科技中介组织能力提升路径

（一）推动区域联动发展，合作建设创新平台

支持以行业龙头企业为牵引，组织孵化器、中试平台、硬科技培育机构、产业园区等科技中介组织开展区域联动，构建产业链上下游高效衔接的成果供需通道，推动原始创新成果向产业化转化。鼓励科技中介组织与高等院校、研发机构开展多方位合作，充分发挥高等院校和研发机构在专业知识、人才优势及中试设施等方面的资源，为科技服务活动提供有力支撑。引导中大型机构加大基础服务设施的投资，联合建设面向新型工业化重大需求的概念验证中心、中试平台等，贯通概念验证、实验室研发、中试验证及产业化应用全链条。

（二）搭建培育体系，提升全生命周期服务能力

倡导高校、科研院所、企业、新型研发机构及硬科技培育平台等创新主体，积极开放应用场景、共享创新资源与市场渠道，共同构建全方位、全链条的创新培育服务体系。通过投资赋能、场景验证、渠道拓展、平台支撑等多样化培育手段，精准对接初创硬科技企业及团队的发展需求。同时，建立分层次、分类别的创新活动体系，定期举办创新大赛、项目路演、

融资对接、创业培训等专业化特色活动,促进技术、资本、人才等创新要素的高效流动与精准匹配。在此基础上,着力打造优质创新培育平台,加快推进硬科技企业培育基地建设,为培育具有核心竞争力的硬科技企业提供全生命周期的支持与服务。

(三)建立信息共享平台,发挥资源协同效应

加强资源平台建设,推动各专业信息系统的互联互通与整合。鼓励相关部门、高等院校、研发机构和行业协会开放非涉密科技信息资源,促进政策法规、科技成果、行业专家、企业需求等科技资源的开放共享,提升服务质量与水平。支持科技中介组织有效利用技术市场等线上线下平台,深入开展技术需求分析、成果查询、甄别、筛选、评估、对接等增值服务,优化科技资源的利用效率与价值实现。

(四)加强产学研合作,培育示范机构

鼓励和支持高等院校、研发机构和行业龙头企业、社会组织等联合国内外优势创新创业力量,创建一批服务垂直产业领域的硬科技培育机构。围绕未来产业、量子信息、生物医学等前沿科技的服务需求,制定管理和评价办法,以分级分类等形式开展科技中介示范机构的遴选和培育工作,培育一批服务能力强、专业水平高、信用名誉好的科技中介示范机构。支持科技中介示范机构、高等院校、研发机构联合建设国家技术转移示范机构、国家技术转移人才培养基地。

（五）加强分级分类管理，深化国际合作

依据培育阶段，将硬科技培育机构划分为概念论证型、中试熟化型、工程化应用型和产业化推广型，并针对各阶段研究制定相应的评价标准，出台相关奖补措施，推动各类培育机构协同发展。鼓励和支持资质优良、信誉卓著、运作规范的科技中介组织开拓国际市场，设立海外培育机构，积极对接海外创业团队和投资机构，优选硬科技项目。以重大科技合作项目为纽带，借鉴特色园区及留学生创业园的发展模式，建设一批国际科技合作基地。

四、科技服务业与产业发展融合推进机制

（一）构建产业链视角下的科技服务体系

以产业链关键环节和需求为核心，整合科技创新资源、服务要素及政策支持，构建覆盖研发、生产、市场全链条，贯穿企业成长全周期的系统化科技服务网络，形成"需求精准识别—资源高效配置—服务闭环落地"的创新生态体系。

一是精准识别产业链科技服务需求。通过问卷调查、企业走访、行业座谈等方式，开展分层分类调研，系统梳理产业链各环节在技术攻关、人

才引进、融资及场景开放等方面的需求,建立动态需求数据库。根据需求的紧迫性、技术复杂度及产业链关联度,对需求进行分级管理,制定差异化服务策略,确保服务精准对接。

二是构建全链条科技服务网络。提供研发设计、技术咨询、实验检测、知识产权布局等研发服务;搭建技术转移平台,促进高校、科研院所与企业对接,提高成果转化率;支持智能制造、工艺优化、检验检测认证等服务;强化创业孵化、市场推广、供应链金融等支撑。整合高校、科研院所、科技服务机构、行业协会、金融机构等资源,组建多元化服务主体,构建"政府引导+市场主导"的协同服务体系,推动全链条服务的高效协作。

三是打造核心服务平台。建设线上数智化平台,集成技术需求发布、成果展示、供需智能匹配、政策咨询等功能,利用大数据技术实现技术、人才、资本等要素的精准对接。同时,布局区域性科技服务中心,提供技术交易、融资对接、创业辅导等"一站式"服务,打造硬科技企业培育基地、产业创新联盟等专业化园区,促进创新要素集聚,推动产业链的集群发展。

四是强化政策与机制保障。制定专项政策包,设立科技服务专项基金,为技术攻关、成果转化、平台建设等提供资金支持。推行"免申即享"政策,简化企业奖补流程,降低服务获取成本。建立"需求方—供给方—撮合方"三方激励机制,对促成技术交易的中介机构给予奖励。推广"利益共同体"模式,鼓励科技特派员、高校团队与企业共建研发机构或创业实体。推行"订单式"需求对接与"销号式"管理,确保技术难题得到有效解决。构建"1+N"服务体系,以核心平台为枢纽,联动高校、协会、金融机构等节点,推动跨区域协同合作,确保创新资源的高效流动与共享。

五是建立反馈机制,定期迭代升级服务。定期开展企业满意度调查,结合技术转化率、产业链产值增长等指标,量化评估服务效能。根据产业链升级需求,动态调整服务内容与资源配置,如根据未来产业领域的变化增设专项服务模块,不断提升服务的专业化与精准化水平。

(二)推动科技服务与实体经济深度融合

当前,三次产业与科技服务业在发展过程中遇到了多重挑战,包括发展不均衡、协同不足、融合程度有限等,同时受到政策环境和体制机制不完全适应的制约。具体问题表现为:在战略层面,双方对接不够充分;融合方式较为单一,涉及环节有限;利益联结较为松散;主导企业数量不足,带动效应不明显;此外,相关体制机制仍需进一步完善。

一是促进科技服务业与工业的深度融合。推动科技服务深入嵌入工业生产全过程,发展服务型制造。通过提供智能制造解决方案、工业互联网平台服务、生产过程优化等科技服务,提升工业生产的智能化水平和效率。鼓励科技服务企业与制造企业深度合作,开发定制化的技术服务,全面提升产业的竞争力。

二是推动科技服务业与现代农业的融合。创新农业科技服务的技术、流程、产品和方式,推动农业生产向现代化和智能化转型。通过提供精准农业、智慧农业、绿色农业等科技服务,提升农业生产效率及可持续发展能力。支持科技服务企业与农业企业合作,开发农业物联网、大数据等技术应用,推动农业科技服务的创新和发展。

三是深化科技服务业与生产性服务业的融合。推动科技服务与物流、金融、信息等生产性服务业的深度融合,拓展增值服务。通过提供供应链管理、金融科技、信息安全等科技服务,提升生产性服务业的效率和价值。鼓励科技服务企业与生产性服务企业合作,开发新型服务模式,推动业态创新和功能完善。

四是推动科技服务业与生活性服务业的融合。促进科技服务业与教育、医疗、文化等生活性服务业的深度融合，提升人们的生活质量。通过提供在线教育、智慧医疗、数字文化等科技服务，满足人们对高品质生活的需求。支持科技服务企业与生活性服务企业合作，开发个性化、智能化的服务产品，推动生活性服务业的转型升级。

五是利用互联网信息技术提升融合发展水平。通过物联网、大数据、人工智能等信息技术，实现科技服务业与三次产业的智能化融合。利用实时数据分析和智能决策支持，提升融合发展的效率和效果。信息技术的应用将为科技服务业与三次产业的深度融合提供技术支撑。

（三）建立科技服务业对产业高质量发展的评估体系

构建科技服务业对产业高质量发展的评估体系，应遵循系统性、可量化性以及动态性等原则。通过设计多维度的指标和采用科学方法，确保评估结果客观反映科技服务业的贡献，并体现科技服务业高质量发展所取得的成效。

一是完善科技服务业自身发展评估指标。重点考察科技服务业的总体规模、内部结构的合理性与优化程度，以了解行业的基本发展态势。特别关注科技服务业在技术研发、服务模式创新以及创新成果转化为实际生产力等方面的能力，识别推动行业进步与变革的关键因素。此外，评估科技服务业在满足市场需求、提升服务质量、为客户创造价值等方面的表现，有助于提升客户满意度和市场竞争力，推动行业持续发展。

二是构建科技服务业对产业高质量发展的贡献评估指标。评估科技服务业在激发产业创新活力、促进创新要素流动与集聚、推动产业技术进步等方面的作用。聚焦科技服务业如何助力产业向高端化、智能化、绿色化转型，并在优化产业结构、提升产业附加值方面的贡献，进而增强产业体系的稳定性和竞争力。全面评估科技服务业对产业经济增长、就业创造、资源节约与环境友好等方面的促进作用，充分反映其在经济与社会层面的积极影响。

三是确定指标权重。为确保评估结果的科学性与合理性，可邀请相关领域的专家组成评估小组，对各项指标在科技服务业对产业高质量发展的贡献中的相对重要性进行评分。运用大数据模型构建、层次分析法、专家咨询法等技术手段，对专家评分结果进行综合处理与深入分析，从而确定各项指标的权重。这一过程有助于确保评估结果精确反映各指标在整体评估中的影响力与贡献度，为后续的数据采集与计算奠定坚实的基础。

四是构建动态调整机制。建立动态调整机制，通过周期性的评估，审视评估指标和结果，收集来自政府部门、企业、行业协会等多方面的反馈意见，以评估结果的应用状况和存在的问题，为评估体系优化提供参考依据。随着科技服务业与产业融合的深入，及时纳入新的评估指标，如未来产业的科技创新能力、数字化转型的成效等，以全面反映科技服务业对产业高质量发展的贡献，并对权重进行动态调整，以保证评估体系的持续适应性和有效性。